그러니
까,
이것이
사회학
이군요

그러니까, 이것이 사회학이군요

사회학은 무엇이고,
무엇이어야 하는지 다시 배웠습니다

후루이치 노리토시 지음

이소담 옮김

머리말

"사회학은 무엇입니까?"

자신을 '사회학자'라고 소개하는 사람이나 '사회학'을 전공한다
는 사람을 만난다면 이렇게 물어보면 좋겠다. 분명 대부분 당황하
거나 어물거릴 테니까. 그만큼 사회학자가 사회학을 설명하기란 어
려운 일이다.

어떤 이는 간단하게 대답할 것이다.

"우리가 사는 사회를 연구하는 학문입니다."

그럴 때는 이렇게 되묻자.

"경제학이나 역사학은 사회를 연구하지 않는다는 뜻인가요?"

사회조사는 사회학만의 전매특허가 아니다. 인간이 영위하면서
만들어내는 사회를 탐구한다는 의미에서 수많은 학문은 사회와 무
관할 수 없다. 경제학이나 인류학 같은 인문계 학문은 물론이고 이

공계 학문도 마찬가지다. 예를 들어 내가 아는 인공지능, 로봇 연구자들도 자신들의 연구가 사회에서 어떻게 받아들여질지 진지하게 고민한다.

또 다른 이는 사회학을 '상식을 의심하고 새로운 질문을 던지는 학문'이라고 설명할지도 모른다. 그렇다면 이번에는 이렇게 되묻자. "그런 거라면 트위터에서 누구나 하는 거잖아요?"

분명 사회학 교과서 중에는 '상식을 의심하는 학문'이라고 적혀 있는 경우도 있다. 그런데 상식을 의심하는 행위에 사회학이 정말로 필요할까?

예를 들어 '옛날 일본인은 예의가 발랐다'는 '상식'을 지닌 사람이 있다고 해보자. 그 사람에게는 카피라이터이자 작가인 오쿠라 유키히로(大倉幸宏)의 《옛날이 좋았다고 말하지만》이라는 책을 소개해주자. 이 책에 따르면 2차대전 이전의 일본에는 전차 안에서 자리를 양보하지 않는 젊은이, 화장하는 여성이 드물지 않았다고 한다. 심지어 그 안에서 옷을 갈아입거나 반라 차림인 사람도 있었다고 한다. 오쿠라의 책은 '사회학'이라는 간판을 내걸지 않았고 저자 역시 스스로 '사회학자'라고 부르지 않았다. 그러니 아무래도 상식을 의심하는 일이란 사회학자가 아니라도 할 수 있나 보다. 실제로 SNS에서 많은 사람에게 퍼지는 발언 중에는 '상식을 의심하는' 발견이 포함된 경우가 많다.

그렇다. '사회학은 무엇입니까?'라는 질문만큼이나 '사회학만이 할 수 있는 것은 무엇입니까?'라는 질문에 답하기도 쉽지 않다. 그런데 서점에 가면 사회학이라고 선언하는 책이 무수히 많고, 사회학 교과서나 사전 같은 것도 잔뜩 존재한다. 이 책에도 등장하는 사회학자 오사와 마사치는 《현대 사회학 사전》이라는 2만 엔이 넘는 사전에서 사회학을 이렇게 설명했다.

사회학을 정의하는 근본 문제는 '사회 질서가 어떻게 해서 가능한가'라는 질문이다. 사회 질서가 성립하는 상태란 타자에 대한 주체의 기대가 상호 간에 고도의 개연성으로 채워진 상태, 즉 상호 간 타자에 대한 기대에 상보성이 있는 상태이다.

자, 이 설명만으로 '오호라! 그게 사회학이구나!' 하고 바로 이해한 사람은 이 책을 읽을 필요가 없다. 얼른 오사와의 《신체의 비교 사회학》이라도 읽으시기를(앗, 혹시 벌써 읽으셨나요).

오사와의 스승에 해당하는 사회학자 미타 무네스케(見田宗介)는 《사회학 입문》에서 조금이나마 더 이해하기 쉬운 말로 사회학을 설명했다. 미타 무네스케에 따르면 사회학은 '현대의 지(知)로 파악된 인간의 학(學), 즉 관계로서 인간에 관한 학문'이다.

알 것 같으면서도 모를 것 같은 말인데……. 문장 자체는 단순한

데 선뜻 알아들을 수 없는 정의다. 참고로 《사회학 입문》이라는 오사와 마사치의 책은 '입문'이라는 표현이 붙어 있지만 매우 추상적이어서 맨 마지막 장은 이런 문장으로 끝난다.

우리는 다시 한 번 그 늠름한 영혼의 선언자의 목소리와 아득히 호응하며 말해야 한다. 영혼은 우리 내부에 있는 영혼에. 줄리어스 시저는 우리 내부에 있는 줄리어스 시저에게. 이렇게.

사회학을 설명하려면 항상 고난이 따른다. 어떻게 해도 쉽게 반론이 예상되는 설명을 하게 되거나, 사회학에 정통하지 않은 사람에게는 너무 난해한 논의가 되어버린다. 그 결과 사회학에는 '잘 모르겠는 학문', '신뢰할 수 없는 학문'이라는 이미지가 따라다닌다. 안타까운 일이다. 사회학은 정말 재미있는 학문이다. 게다가 사회학의 사고법을 배우고 나면 일이나 일상생활에 도움이 된다. 나는 그렇게 믿는다. 그래서 사회학은 재미있고 유익하다, 사회학이라는 학문의 이러한 매력을 한 명이라도 더 많은 사람이 알면 좋겠다, 그것이 이 책을 쓴 첫 번째 이유다.

이 책을 쓰게 된 또 한 가지 이유는 내 직함과도 관계가 있다. 나는 대중매체에 나가게 될 때면 종종 스스로 '사회학자'라고 말을 한다. 그리고 그럴 때마다 비판을 듣는다.

"박사 학위도 따지 않은 애송이가 어째서 사회학자인 척을 하고 다니지?"

나는 (이제 슬슬 박사 논문을 쓰긴 써야 하는데) 아직 박사 학위를 따지 않았다. 그러나 이공계와 달리 인문계 대학의 교원이 다 박사 학위를 취득한 것은 아니다. 그리고 원래 '학자'와 나이는 관계가 없을 것이다.

그렇다고 내가 자신만만하게 스스로 사회학자라고 부르는가 하면, 또 그렇지는 않다. 사회학이 재미있는 것은 이제 알지만 아직 사회학을 명확하게 규정하고 유창하게 설명하지는 못한다. 사회학자라는 직함도 그게 상대에게 잘 통하니까 쓸 뿐이다. 그런 이유로 이 책의 제목(원제 '후루이치 군, 사회학을 다시 공부하세요')처럼, 사회학을 다시 한 번 공부해보고 싶다고 마음먹었다. 내가 '다시 한 번 공부한' 결과물이 바로 이 책이다. 그렇기에 다른 이들에게도 좋은 사회학 입문서가 되면 좋겠다.

그나저나 이 종잡을 수 없는 학문을 어떻게 '다시 공부'하면 좋을까? 그 힌트를 이 책에서 인터뷰한 사회학자 사토 도시키가《근대ㆍ조직ㆍ자본주의》라는 책에 쓴 맺음말에서 찾았다. 대학원생 시절에 사토 도시키는 수업 전에 항상 지도교수와 논의를 주고받았고, 그때를 회고하며 이런 말을 남겼다.

무엇보다도 다이얼로그로만 배울 수 있는 사회학이라는 학문을 공부하기에 귀중한 시간이었다. 나는 그러한 논의들 속에서 사회학자가 되었다.

다이얼로그, 대화라는 뜻이다. 그래서 이 책에서도 일본을 대표하는 사회학자에게 이야기를 들으러 가기로 했다. 필수 질문은 당연히 단 하나다.

"사회학은 무엇입니까?"

자, 총 12인의 사회학자는 이 질문에 어떻게 답했을까? 물론 대화는 이 질문만을 묻고 답하는 데서 끝나지 않았다. 자세한 내용은 각 장에서 읽기를 바란다. 이렇게 해서 사회학의 매력을 다양한 각도로 다룬 책을 완성한 듯하다. 무엇보다 이 책으로 사회학자들의 인간적인 면모도 알 수 있을 것이다.

덧붙이자면 이 책은 결과적으로 일본 '사회'를 부감(俯瞰)하는 책이 되었다. 이 예리한 사회학자들은 이 '사회'를 어떻게 바라보고 있을까.

물론 이 책 한 권으로 사회학을 전부 다 알 수 있다고 주장할 마음은 없다. 하물며 이 책을 쓰려고 찾아가 만난 이들 말고도 뛰어난 사회학자는 많다(물론 그렇지 않은 사람도 아주 많다). 그리고 시간 문제 등으로 대담을 충분히 음미하지 못한 이도 있다.

그래도 지금 시점에서 이 책은 사회학 입문서로는 가장 양질이라고 생각한다. 사회학이라는 단어에 조금이라도 흥미가 있는 사람, 대학에서 사회학을 공부하는 사람, 사회학자로 활동하지만 아직 사회학이 뭔지 모르겠는 사람이 꼭 읽었으면 좋겠다(그래서 나도 반복해서 읽을 것이다).

각 장은 대담을 위해 만난 순서에 따라 배치했을 뿐 다른 의도는 없다. 어디서부터 읽어도 괜찮다. 각 장 서두에는 내 방식대로 각 사회학자를 소개하는 글을 써두었다. 오사와 마사치가 《허구 시대의 끝》에서 말했듯, 사회학 같은 지식에서는 '학문'과 '인격' 사이에 밀접한 관계가 있다고 생각하기 때문이다.

이 책으로 사회학의 재미가 조금이라도 알려지기를 바란다.

차례

1

오구마 에이지 선생에게
'일본의 사회학'을 묻다

오구마 에이지 小熊英二

1962년 도쿄에서 태어났다. 도쿄대학 농학부를 졸업하고 출판사에서 근무했으며 도쿄대학 대학원 종합문화연구과 국제사회학 전공 박사 과정을 수료했다. 현재 게이오기주쿠대학 종합정책학부 교수다. 한국에서 출간된 저서로 《일본 단일민족신화의 기원》 《사회를 바꾸려면》 《일본이라는 나라?》 《일본 양심의 탄생》이 있다. 그 밖의 저서로 《1968》 《민주와 애국》 《일본인의 경계》 《원자력발전소를 막는 사람들》 《헤이세이사》(이하 공저) 《도호쿠 재생》 등이 있다.

나와 사회학의 첫 만남은 대학교 1학년 때 수강한 오구마 에이지 선생의 수업이었다. 구조주의나 아이덴티티, 내셔널리즘 등을 주제로 오구마 선생이 라이브 콘서트처럼 90분간 논스톱으로 강의하는 수업이었다.

"일본 민족이 원래 존재한 것이 아니라 일본 민족이라는 구별법이 생긴 뒤에 비로소 일본 민족과 그 역사가 생겼다.""'개인'이란 개별 행위의 집적점으로 사회 현상의 결절점에 불과하다."

당시 내게는 이런 논의가 신선했다. 그런데 수업에 감명을 받았으면서도 오구마 선생의 저서에 손을 뻗지는 않았다. 초기 저작이 기이할 정도로 두껍고 무거웠기 때문이다. 데뷔작인 《일본 단일민족신화의 기원》부터가 두께 3.6센티미터, 무게 605그램이다. 오구마 선생의 책은 그 후로도 순조롭게 두께와 무게를 늘려가 《일본 단일민족신화의 기원》에 대표작인 《일본인의 경계》, 《민주와 애국》, 《1968》을 더하면 두께는 무려 24.6센티미터, 무게는 총 5.7킬로그램이나 된다.

오구마 선생의 책은 왜 이렇게 두꺼울까. 세심하기 때문이다. 사회학자 하시즈메 다이사부로가 《민주와 애국》에 쓴 평론을 빌리면 오구마 선생의 책은 '지난 시대의 언설을 성실하게 연결해 예상을 벗어난 도안을 그려내는 직소 퍼즐 같은 작업'이다. 믿을 수 없을 만큼 많은 문헌을 읽고는 마치 대하드라마처럼 특정 시대의 특정 사회를 저서 안에 재현했다.

오구마 선생은 동일본대지진 이후 '사회'에 더 깊이 참여하고 있다. 나는 《절망의 나라의 행복한 젊은이들》이라는 책을 쓰려고 탈핵 시위를 취재하러 갔다가 그곳에서 우연히 오구마 선생을 목격한 적이 있다. 머리 스타일이나 복장이 학생 같아서 바로 알아보지 못했다. 내가 대학생이었을 때도 그는 캠퍼스에서 그런 차림이었다.

그때 그는 시위에서 적극적으로 연설하고 있었다. 그의 몇몇 연설은 유튜브에서 볼 수 있다. 역시 오구마 선생은 '생생한 현장감이 있는 라이브한 사람'이라는 인상을 받았다. 실제 그에게는 음악가라는 일면도 있다. 키키온이라는 밴드를 결성해서 시모키타자와에서 정기적으로 라이브 콘서트를 연다.

동일본대지진 이후 오구마 선생의 활동은 《원자력발전소를 막는 사람들》 같은 책은 물론이고, 〈수상 관저 앞에서〉라는 영화로도 접할 수 있다. 그렇다. 오구마 선생은 영화감독으로도 데뷔했다.

사회를 바꾸는 방법은 다양하다. 오구마 선생은 다양한 '표현'이라는 수법을 사용해서 사회를 바꾸려고 해왔다. 오구마 선생에게는 사회학도 그 여러 표현 중 하나일 것이다.

오구마 에이지 × 후루이치 노리토시

일본에서는 사회학자가 평론가로 유통된다

후루이치　이 책에서는 여러 사회학자에게 '사회학은 무엇입니까'라는 질문을 던져보려고 합니다. 저도 사회학을 전공하고 있어서 대중매체에 나갈 때면 자주 사회학자라는 직함으로 소개됩니다. 제가 적극적으로 나서서 쓰려는 마음은 없습니다만, 그게 잘 통하니까 사용해왔어요. 그런데 애당초 사회학이 무엇인지 생각해보면, 이게 정말 어렵습니다. 실제로 사회학자에게 사회학이 뭔지 물어보면 저마다 다양한 대답을 내놓을 겁니다. 그런 다양한 대답을 들으면서 사회학이 무엇인지 생각해보고 싶습니다. 오구마 선생이라면 '사회학은 무엇입니까'라는 질문에 어떻게 대답하시겠어요?

오구마　현재 일본 사회의 문맥에서는 '평론가'겠지요.

후루이치 평론가요?

오구마 미국이나 미국의 영향을 받은 나라 대부분에서 사회학은 실증적인 학문입니다. 인터뷰, 현지조사(field work)를 하거나, 질문지를 배부해서 얻어낸 데이터를 통계적으로 분석하는 것이 사회학자가 하는 일이라고 여겨집니다. 일본에서도 사회학 학회에 가보면 그런 실증적인 보고가 90퍼센트 정도를 차지해요.

그런데 일반적인 일본인에게는 '사회학자=사건이나 사회 현상을 명쾌하게 읽어내는 사람'이라는 이미지가 강한 것 같아요. 그래서 학문으로서 사회학과 별개로, 현대 일본 사회에서 사회학자는 평론가를 대신하는 말로 유통되고 있습니다.

후루이치 그런 괴리는 왜 생겼을까요?

오구마 30년쯤 전까지만 해도 사회학자가 대중매체에 무언가를 쓰거나 발언하는 일은 드물었어요. 1950년대부터 70년대까지 대중매체에서 '조언자' 자리를 차지한 것은 문예평론가였죠. 80년대 후반쯤부터 문예평론가를 대신해서 사회학자가 대중매체에 출연하게 되었습니다.

어느 시대든 대중매체에는 심부름센터 역할을 해줄 사람이 필요해요. 그런데 법학자나 경제학자는 법이나 경제 이외에는 평론하지 않죠. 그래서 정치 현상이나 경제 현상이 아니라 사회 현상이라고 볼 수밖에 없는 대상을 논평할 필요가 있을 때, 어느 시기 이후로는 사회학자를 찾게 되었습니다. 그 결과 사회학이라는 학문과 분리되어 '평론=사회학'이라는 이미지가 정착되지 않았나 생각합니다.

후루이치 사회학자에게 평론가 역할을 요청하게 된 것은 미타 무네스케나 오사와 마사치, 미야다이 신지 같은 스타 사회학자가 등장한 것과도 관계가 있을까요?

오구마 우선 미타 씨는 실증 일변도인 사회학에 강한 위화감을 품은 인물이었습니다. 그는 1970년대에 이런 글을 썼어요. 사회학자가 미나마타병 피해를 입은 어민의 집에 찾아가서 "선생님 수입은 어느 정도입니까?" 같은 질문을 하고 조사한다고 대체 뭘 알 수 있느냐고요. 그는 학식이 있는 인물이어서 이론도 실증도 할 수 있었죠. 그런데 어느 시기부터 정통파 사회학을 떠나 독자적으로 연구를 시작했어요.《시간의 비교사회학》같은 대단한 책도 썼지요. 그러자 미타 선생의 도쿄대학 세미나에 우수하고 재미있는 사람들이 모였습니다. 그가 교육자로서 뛰어났다기보다는 도쿄대학에 다니던 우수한 학생이 모였다고 해야겠죠. 마침 거품 경제 시기였고, 우에노 지즈코 선생이 대중매체에서 활약했죠. 학술서 느낌이 나는 책이 잘 팔리던 때라 미타 씨 세미나에 다닌 젊은 사회학자들도 책을 냈어요. 그러면서 지금의 이미지가 이루어졌습니다.

사회학은 사회를 포착하는 학문?

후루이치 이른바 학문으로서 사회학과 세간에 유통되는 평론이라는 의미의 사회학은 겹치는 부분도 있군요. 방송국에서 해설가를 섭외할 때 법학자는 법률을 말하고 경제학자는 경제를 말하기를 기대하듯이, 사회 현상이라고 부를 수밖에 없는 대상에 대해서 사회학자가 말해주기 바라는 것은 나름 말이 되는 것 같습니다. 하지만 그런 평론이라는 의미의 사회학과 실증적인 사회학 사이에 거리가 있는 것 또한 사실이에요. 그렇다면 양자의 가장 큰 차이는 무엇일까요? 실증성이 있는지 없는지 하는 문제일까요?

오구마 '사회학'이라는 단어는 19세기에 프랑스의 오귀스트 콩트(Auguste Comte)가 만들었습니다. 콩트가 말하는 사회학은 한 사회 집단이 전체로서 어떤 법칙에 따라 움직이고 어떤 진화를 완수했는지를 생각하는 것이었습니다.

이때 콩트가 생각한 사회는 프랑스라는 '국민 국가'와 포개집니다. 그전 시대에는 그런 발상이 없었어요. 그러니까 탄생 시점에서부터 사회학은 국가를 단위로 하는 사회 전체를 설명하는 포괄적인 것이었어요. 콩트 이후에 게오르그 짐멜(Georg Simmel)이나 막스 베버(Max Weber), 에밀 뒤르켐(Emile Durkheim) 등이 사회학을 구축했는데, 이 역시 특정한 전체 사회를 대상으로 한 학문이었습니다. 콩트는 '실증'이라는 표현을 썼지만, 지금과는 그 의미가 다릅니다.

사회학이 여타 학문과 다른 점은 경제나 정치로 분류하지 못하는 사회를 대상으로 한다는 점이죠. 그런데 제 견해로는요, 사실 사회학은 잔여항의 학문이라고 생각해요.

후루이치 잔여항이라니요?

오구마 정치학이나 법학, 경제학 등의 대상이 되지 않는 부분을 다루는 학문이라는 뜻입니다. 말하자면 영역을 횡단하는 것이죠. 미국에서 사회학은 이민 사회 같은 여러 문제를 실증 연구하는 학문으로 발달했는데, 역시 다루는 대상은 경제학이나 정치학으로 다루지 못하는 잔여 영역이었어요. 일본에서도 그런 것이 사회학으로서 수용되었다고 봅니다. 즉 사회학은 마을이나 공장에 들어가서 실증 조사하는 학문이거나 경제학이나 법학의 대상이 되기에는 어려운 '사회 현상'을 평론하는 학문이라고요.

간단히 말해서 사회학이란, 원래는 사회 현상을 포괄적으로 설명하려는 학문이었지만, 점차 개별적인 잔여 영역을 실증 연구하는 학문이 되었다고 할까요.

후루이치 미국의 영향을 받은 일본의 사회학도 실증 연구에 치우친 경향이 강하다는 말씀인가요?

오구마 2차대전 이후로는 그렇다고 할 수 있습니다. 사회학이 포괄적인 지향을 하는 학문이라 하더라도, 사회 전체를 설명하는 거대 이론을 만들어 널리 공유되게끔 한 사람은 일본은 물론이고 세계에서도 손에 꼽을 정도로 드뭅니다. 또 그런 사람은 30년에 한 명쯤 있으면 충분하겠죠.

후루이치 오구마 선생은 이 사회를 포착하고 싶다, 포괄적으로 사안을 이해하고 싶다, 그런 욕망을 느끼시나요?

오구마 그런 사회학자도 있겠지만 나는 그렇지 않습니다. 인간은 그렇게 대단하지 않아요. '나 한 사람이 사회 외부로 나가 전부를 전망하겠다' 같은 행위는 인간이 할 수 없다고 생각하니까요.

지금 무엇을 하면 사회학이 되는가

후루이치 오구마 선생은 '역사사회학자'로 소개될 때가 많죠. 역사학이 아니라 역사사회학을 연구한다는 의식이 강한가요?

오구마 그런 직함에는 흥미가 없습니다. 내가 하는 일을 누가 뭐라고 부르든 상관없어요.

후루이치 그럼 왜 역사사회학자라고 자신을 소개하나요?

오구마 그래야 잘 통하니까요. 회사를 휴직하고 대학원에 들어가려고 했을 때 역사학을 하는 사람에게 연구 주제를 상담했더니 그러더군요. "그건 역사학이 아니야." 그래서 사회학자에게 상담하러

오구마 에이지 × 후루이치 노리토시

갔더니 "뭘 하든 괜찮아"라는 말을 들었어요. 그렇다면 사회학을 하면 되겠다, 사회학 안에서 구별해야 한다면 역사사회학이라고 해 둬야지, 그 정도 감각이었을 뿐입니다.

후루이치 오구마 선생에게 사회학이나 역사학의 구분이 무의미하다는 것은 알겠는데요. 그 '뭘 하든 괜찮다'는 점이 사회학의 어려움이라고 생각해요. 표현을 달리하면, 지금 무엇을 하면 사회학을 했다고 할 수 있을까요? 예를 들어 뒤르켐 같은 예전 학자의 이론을 기준으로 삼아 분석을 하면 사회학을 한 것이 되나요?

오구마 개인적으로는 그런 일은 시시하다고 생각해요. 위대한 선배 연구자를 존경하는 것은 중요하지만, 명함 대신으로 인용할 뿐이라면 명함 이상의 의미는 없겠죠. 내 책을 두고 역사학자 중에도 "그런 건 역사학이 아니야"라고 말하는 사람이 있었고 "훌륭한 역사학이다"라고 말하는 사람도 있었어요. 나는 양쪽에 대고 "아, 그렇습니까?"라고 하는 감상 이상을 느끼지 못했죠. 누군가 그게 사회학이라고 말한다면 사회학이지 않을까요.

후루이치 그럼 사회학 연구에 적합한 사람은 어떤 사람일까요?

오구마 꾸준하고 성실한 사람이 잘 맞지 않을까요?(웃음) 사회학뿐만 아니라 제대로 된 일을 하려면 그게 중요하겠죠. '나는 착실하게 일하기 싫으니까 사회학자나 될 테야'라고 생각하는 사람에게는 절대 맞지 않을 겁니다. 그리고 영업직이 아니니까 책이나 논문을 읽

고 생각하고, 착실하게 조사하는 일을 괴롭다고 여기지 않는 사람
이 어울립니다.

과연 무엇으로 이 사회를 대표할 수 있는가

후루이치 오구마 선생의 저서를 보면 연구 대상이 차츰 자신에게
다가간다고 느껴집니다. 주로 전쟁 전을 다룬 《일본 단일민족신화
의 기원》과 이를 발전시켜 류큐 처분부터 오키나와 복귀*까지 다룬
《일본인의 경계》가 박사 논문이었죠. 그 후로는 전후 사회를 주제
로 한 《민주와 애국》, 《1968》을 쓰셨어요.
그런데 최근 들어 《사회를 바꾸려면》처럼 당사자로서 발신하는 책
이 늘어났어요. 2015년에 출판된 《살아서 돌아온 남자》는 오구마
선생의 아버지를 주인공으로 한 20세기 역사서였죠.
오구마 의식하고 그런 것은 아닙니다.
후루이치 《1968》까지는 역사 자료를 퍼즐처럼 연결한 중후한 책이

---

* 류큐(琉球)는 현재의 오키나와 현 일대에 있던 독립 왕국이다. 메이지유신 이후 1872년, 일본
정부는 류큐를 '번(藩)'으로 강등시켜 일본의 속령임을 선언했고(1차 류큐 처분), 1879년에 류
큐 번을 없애고 가고시마 현에 편입시켰다가 오키나와 현을 설치했다(2차 류큐 처분). 오키나
와는 2차대전 패전 후 미국의 통치하에 있다가 1972년에 영유권이 일본으로 반환되었다.

많았고 신서판도 출판되지 않았어요. 그런데 그 이후로 《민주와 애국》이나 《1968》 같은 저서를 쓰지 않은 것은 스타일을 바꾸려는 생각이 마음속에 있었기 때문일까요?

오구마 딱히요.(웃음) 의식적으로 바꾸려고 생각하지도 않았고, 무엇보다 '이 방식이 아니라면 내 연구라고 할 수 없어'라고 생각하지도 않아요. 그때그때 하고 싶은 것에 잘 맞는 스타일을 골랐을 뿐입니다. 그렇지만 이제는 《1968》까지처럼 역사적 언설 같은 것을 대량으로 긁어모아 두꺼운 책을 쓰는 일에 의욕이 없어요.

후루이치 《1968》까지 전부 쏟아 부은 느낌일까요?

오구마 그게 아니라 현대 사회에서는 그런 방법이 적절하지 않아요. 어떤 사회를 그리려고 할 때, 사회 전체를 그리는 것이 무리라면 사회를 상징하는 것을 대상으로 삼아 축약합니다. 《민주와 애국》을 예로 들어 말하면 전쟁 체험이 일본에 미친 영향이라는 주제를 그리고자 마루야마 마사오나 요시모토 다카아키** 같은 사상가로 축약한 형태로 기술했어요. 《1968》은 고도 성장이 사람들의 심리에 어떤 영향을 미치는지 그리려고 전공투 운동***으로 축약해서 쓰

** 마루야마 마사오(丸山眞男, 1914-1996). 정치학자이자 사상가. 전후 민주주의의 대표 논자로 후대에도 많은 영향을 미쳤다. 요시모토 다카아키(吉本隆明, 1924-2012). 전후의 진보주의 철학자이자 시인. 소설가 요시모토 바나나의 부친이다.
*** '전학공투회의'. 일본에서 1960년대 말에 벌어진 일련의 학생 운동.

려고 했습니다. 둘 다 마루야마 마사오나 전공투 그 자체를 말하려고 했던 것이 아니에요.

그런데 70년대 이후를 그리고자 할 경우에는 무엇을 상징으로 삼아 축약할 수 있을지 어려워요. 예를 들어 마이니치신문사가 《시리즈 20세기의 기억》이라는 무크지 시리즈를 냈어요. 권별로 〈60년 안보·미이케 투쟁* 이시하라 유지로**의 시대 1957-1960〉, 〈고도성장 비틀스의 시대 1961-1967〉처럼 제목을 붙였어요. 그런데 70년대 후반 이후의 제목은 이상해집니다. 〈괴인 21면상***의 시대 야마구치 모모에****의 경험 1976-1988〉이라니까요. 즉 상징적으로 축약할 대상이 없다는 뜻입니다.

그래서 나도 《헤이세이사(平成史)》를 편저로 냈을 때, 대표적인 어떤 대상으로 축약해서 쓰는 방법을 사용하지 않았어요. 경제 지표

---

* 1953년 미쓰이 광산은 경영 합리화를 위해 노동자를 지명 해고했고 미이케 노조는 이 조치에 반발해서 113일 동안 파업에 들어가 승리를 거뒀다. 이후 경영 악화가 심해지자 미쓰이 광산은 1959년에 6천 명 희망퇴직을 포함한 회사 재건안을 추진했고 노조는 무기한 파업, 회사는 직장 폐쇄로 서로 맞섰다. 재계는 미쓰이광산을, 일본노동조합총평의회는 노조를 지지했기에 이 쟁의는 '총자본 대 총노동의 대결'이라고 불렸다. 이후 몇 차례 유혈 사태가 발생한 끝에 노조가 불리한 방안을 수용하면서 끝이 났다.

** 石原裕次郎(1934-1987). 일본의 전설적인 가수 겸 배우.

*** 1984-85년 교토와 한신 지역에서 제과 회사에 행해진 연쇄 협박 사건에서 나온 말. 에도가와 란포의 소설 《괴도 20가면》에서 따온 '괴인 21면상'이라고 자칭한 범인이 잡히지 않은 미제 사건이다.

**** 山口百恵. 1972-80년 활동한 가수 겸 배우.

오구마 에이지 × 후루이치 노리토시

등을 사용해서 전체 구조를 그리는 편이 낫다고 판단했습니다.

후루이치 그 말씀은 60년대 후반부터 70년대 전반에 일본의 근대화가 일정 정도 끝났다는 뜻일까요?

오구마 '다양화'나 '후기 근대화'처럼 다양한 용어 말할 수 있지만, 한마디로 리프리젠트(represent)가 어려워졌다는 거겠죠.

후루이치 대표할 만한 것이 없어지면, 이전과 이후의 사회학 방법도 달라질 것 같은데요?

오구마 실제로 달라졌다고 봅니다. 특정 대상을 그려서 축약하기보다 전체를 수치 데이터로 분석하는 쪽이 요구되고 있어요. 사회학은 아니지만 토마 피케티(Thomas Piketty)의 《21세기 자본》도 그렇죠. 사상이나 이론적인 면에서는 아주 평범한 책이지만요.

후루이치 평범하다고요?

오구마 아마 피케티는 카를 마르크스는 물론이고 철학이나 정치사상과 인연이 없을 겁니다. 책을 읽다 보니 알겠더군요.

후루이치 반대로 70년대까지는 마르크스 등 고전의 영향을 받은 연구자가 많았다는 건가요?

오구마 사회학으로 말하면 피에르 부르디외(Pierre Bourdieu)나 앤서니 기든스(Anthony Giddens), 울리히 벡(Ulrich Beck) 정도까지 그럴 겁니다. 그런데 피케티에게서는 그런 사상적 배경이 보이지 않아요. 20세기 중반까지의 유럽의 지적 전통과 인연이 없는 사람으로 보이고 그만큼 발상 전개에도 한계가 있다고 생각해요. 본인도 그 점을 자각하고 있겠지요. 책을 읽다가 참 겸허한 사람이다 싶어서 그 점에 호감을 느꼈습니다.

사회학에는 정리와 응용의 센스가 필요하다

후루이치 일본 사회학을 봐도 점점 통계에 근거한 실증 연구나 역사 연구처럼 실증성이 요구되는 방향으로 가고 있는 것 같아요.

오구마 그쪽이 견실하고, 지금은 하기도 아주 쉽거든요. 최신 수치도 인터넷으로 간단히 조사할 수 있죠. 다만 숫자를 모아 통계 처리만 해서는 뛰어난 연구가 되진 않아요. 최종적으로 정리하는 것은 사람의 센스니까요.

후루이치 센스는 기를 수 있나요?

오구마 사람의 소질은 사실 도토리 키 재기나 마찬가지니까 센스도 공부하면 익힐 수 있지 않을까요? 당연한 소리지만 공부는 중요합니다. 내 이야기를 하자면 1997년부터 대학에서 가르치기 시작했고 매년 고전을 읽는 세미나를 여는데요. 지금 돌이켜보면 처음에는 나도 그다지 아는 것이 없었구나 싶어요.

후루이치 오구마 선생님이요?

오구마 에이지 × 후루이치 노리토시

오구마 그렇습니다. 해마다 열다섯 권쯤 고전을 읽는데, 2-3년에 한 번꼴로 마르크스의 《자본론》을 다뤘어요. 그렇게 대여섯 번 읽고서야 간신히 알 수 있었죠. 그것도 《자본론》만 읽어서가 아니라 플라톤이나 아리스토텔레스 등 다양한 고전을 읽은 덕분에 알게 되었습니다.

후루이치 저는 학부생 시절에 SFC(게이오기주쿠대학 쇼난후지사와 캠퍼스)에서 들은 오구마 선생님 강의가 정말 재미있었어요. 당장 사용할 수 있는 기술을 중요하게 여기는 학부였는데, 그때 선생님에게서 이른바 고전, 근대사상을 배웠죠. 참 신선했습니다. 새삼스럽게 묻습니다. 마르크스 같은 고전을 읽고 공부하는 의미는 뭘까요?

오구마 이론이나 수법은 관용구(idiom) 같은 것입니다. 기본 발상을 응용하려고 할 때 아주 좋은 예시가 되죠. 일단 사용하면 당장에는 도움이 됩니다. 그러나 그것만 반복하면 마치 자동 장치처럼 똑같은 것밖에 할 수 없죠.

그러니까 이론 자체가 아니라 그 너머에 있는 것을 봐야 합니다. 그러려면 고전의 근원이 되는 고전을 읽고, 다른 사람들이 고전을 어떻게 응용했는지 비교하는 것이 중요합니다.

플라톤이 위대하니까 읽는 것이 아닙니다. 나는 플라톤을 일종의 종교라고 생각하고 그렇게 위대하다고 생각하지도 않아요. 그러나 수많은 사람이 플라톤이나 아리스토텔레스를 바탕으로 삼아 '이런 식으로도 사용할 수 있고 저런 식으로도 사용할 수 있겠다'라고 하면서 응용해온 역사가 있습니다. 그런 다양한 응용법을 알면 자신도 다른 응용법을 쓸 수 있게 되죠. 그렇게 할 수 있는 상태를 '센스'라고 부릅니다.

분석은 틀리는 편이 재미있다

후루이치 탈핵 운동에 관한 다큐멘터리 영화를 만드시죠? 어떤 주제나 메시지가 있나요?

오구마 민주주의입니다. 민주주의는 인민이 일어서는 것이라는 긍정적인 이야기입니다. 일본어가 의미하는 '비판'을 하는 것에는 흥미가 없어요. 그건 너무 간단해서 지루합니다.

후루이치 탈핵 시위라는 형태의 민주주의, 그것의 어떤 점에 오구마 선생은 공감하신 겁니까?

오구마 그걸 말로 표현하려면 터무니없는 몽상이 될 테고, 또 시위라고 해서 언제든 어떤 것이든 다 대단하다고 생각하지도 않습니다. 그렇지만 시위가 비교적 좋은 상태일 때 나오는, 정체가 불불명한 것이 좋습니다. 사람들이 왜 돈 한 푼 벌지 못하는 일을 하나 싶은 현상은 대체로 흥미롭죠. 그나저나 당신도 그런 데 이끌리는 사

오구마 에이지 × 후루이치 노리토시

람이라고 생각하는데요?

후루이치 실은 석사 논문과 논문을 바탕으로 한 책《희망 난민》이
래로 사람들이 모여서 어떤 새로운 공동체를 만드는 일에 관심이
있습니다.

오구마 그렇군요. 후루이치라는 존재를 상징한다고 내가 생각한 것
은 후루이치 씨가 사용한 '무라무라'라는 키워드입니다. 즉 여기에
없는 가능성에 '무라무라(들끓는 감정)'하는 것과 일상생활의 소소한
친구 관계인 '무라무라(마을, 공동체)' 안에서 안심하고 싶다는 양의
성으로 나뉘어 있는 것이 후루이치 씨지요.[*]

그런데 지금 이야기를 들어보니 여기에 없는 가능성을 연 뒤에 도
달하는 지점도 소규모 공동체이기를 바라는 것 같군요. 뛰어난 동
료와 일군 벤처 같은.

후루이치 그럴지도 모릅니다. 오구마 선생은 아닌가요?

오구마 나는 가능성이 생기는 과정에서 나오는 것은 좋아하지만 한
정된 인원으로 공동체를 만드는 일에는 관심이 없습니다. 일단 완
성된 공동체를 보면, 아무리 잘 돌아가더라도 '이런 조건이 있고 이
런 사람이 있어서 이 공동체는 굴러가는구나. 그 조건이 없다면 어
떻게 될까?' 하고 분석적으로 바라보고 말아요.

---

[*]   무라무라(むらむら)에는 감정이 솟구치는 뜻과 떼를 지어 있는 마을이라는 뜻이 있다.

후루이치 탈핵 시위는 달랐나요?

오구마 2011년부터 2012년 단계에서는 정말 도무지 전혀 알지 못하는 것이었으니까요. 그런 일이 벌어질 줄은 예상도 하지 못했으니까. 물론 시위를 따라다니며 이것저것 지켜보면서 '이렇게 된 거군' 하고 이해한 부분도 있지만, 늘 예상을 벗어났습니다.

후루이치 그럼 그것을 분석하겠다는 의식은 별로 없었나요?

오구마 네. 자세히 들여다보기 위해서 분석하려고 했는데, 그 분석이 차례차례 어긋났어요. 나는 그게 훨씬 재미있습니다. 내 분석력이 기를 펴지 못하는 이상한 대상을 좋아해요. 이론보다 역사나 현대의 사실을 조사하는 것을 좋아하는 이유입니다.

여유를 잃어가는 일본

후루이치 오구마 선생은 영화 제작을 포함해서 3.11 이후 '사회를 이렇게 바꾸는 것이 좋지 않을까'라는 제안을 많이 하는 것 같습니다. 그건 의식적으로 하는 일인가요?

오구마 지혜가 생겼기 때문입니다. 알지도 못하는 것에 대해 쓰는 일은 무책임하니까 하지 않습니다. 세상을 한탄하는 비평을 쓰는 데는 아예 흥미가 없고요. 그래서 내가 잘 알고 말할 수 있는 것만 써왔습니다.

그래도 연구를 거듭하고 신문 논단위원으로서 경제나 정치 논고를 많이 읽으면서 현실 사회의 동향이나 메커니즘을 어느 정도 알았습니다. 그래서 제언하는 문장도 웬만큼은 쓸 수 있게 되었죠.

후루이치 의식적으로 제언을 발신하고 계시는군요.

오구마 일본 사회에 위기감을 느끼니까요.

후루이치 어떤 것을 염려하는지 조금만 알려주세요.

오구마 쉽게 말하면 삭막해진 것입니다. 최근 육아 관련 조사('육아 지원책 등에 관한 조사 2014' 미쓰비시UFJ리서치&컨설팅 주식회사)에서 '(지역 내에) 아이를 맡길 수 있는 사람이 있다'고 답한 엄마가 전체 중에 28퍼센트였어요. 나머지 72퍼센트는 맡길 사람이 없다는 소리죠. 그런데 이 28퍼센트는 12년 전 조사와 비교해서 30퍼센트포인트나 떨어진 수치입니다. 겨우 12년 사이에 일본 사회가 그 정도로 변한 것입니다.

그런데 이런 변화를 중앙으로 가면 갈수록 자각하지 못해요. 가스미가세키나 나가타초*는 거의 다 전업주부가 가정을 지키는 환경에 사는 사람들로 이루어진 낡은 세계니까요.

의원이 되면 다들 자동차로 이동하지 전철을 타지 않으니까 세상

---

* 도쿄 지요다 구 남단 국회의사당과 수상 관저가 있는 일본 국정의 중심지. '정계'를 뜻하는 말로도 사용된다.

의 변화를 피부로 느낄 수 없어요. 대중매체 쪽 사람들도 마찬가지예요. 2012년 여름에 어느 방송국 사람과 관저 앞에서 벌어진 항의 집회를 보러 갔을 때 그가 이렇게 말하는 겁니다. "보통 사람들이 오네요. 아이를 데리고 온 엄마가 있어요." 이 소리를 듣고 깜짝 놀랐습니다.

후루이치 아이를 데리고 집회에 나온 엄마가 '보통 사람'의 상징이군요. 실제로는 혼인율도 출생률도 낮아지고 있고, 일이 바빠서 데모에 나오지 못하는 엄마도 많을 텐데요.

오구마 그런 점이 결정적으로 어긋났습니다. 일본의 지니계수를 아는지 모르는지 하는 문제가 아닙니다. 이건 사상적으로 좌우 불문하고 마찬가지입니다.

어째서 변화에 둔감해졌는가 하면, 최근 20년 동안 일본은 정부도 민간도 부채에 부채를 더하면서 1990년 전후의 모습을 억지로 유지하려고 했기 때문입니다. 중앙은 아직 유지하고 있지만 지방은 이미 유지하지 못하는 상황입니다. 그리고 근처에 아이를 맡아줄 사람이 있다는 비율이 30퍼센트포인트나 떨어졌죠.

이런 변화가 급속하게 이루어지고 있는데 중앙은 둔감하다는 사실에 위기감을 느끼니까, 의식적으로 이런 문제를 다루려고 합니다.

후루이치 씨도 그런 위기감은 이해하고 있겠지요. 그런데 후루이치 씨는 지금 시점에, 여기가 아닌 가능성을 바라는 사람들에게 일상에 안주한 '청년의 현대적 감각'으로 냉수를 끼얹는 노선으로 인기를 얻고 있어요.

하지만 내가 보기에 후루이치 씨의 감각도 낡았어요. 예를 들어《아무도 전쟁을 가르쳐주지 않았다》라는 책에서 후루이치 씨는 앞으로 일어날 전쟁은 로봇이나 무인기가 주역을 맡을 테니까 징병제도 학도병도 없는 '평화롭고 인도적인 전쟁'이 되리라고 써서 반전평화주의에 냉수를 끼얹었지요.

후루이치 네. 전면전이나 징병제의 위기를 선동하는 논조에 위화감을 느껴요.

오구마 그건 절반은 옳지만 역시 현실에서 벗어났어요. 분명 강제 징집이나 도쿄 대공습 따위는 없겠지요. 그렇지만 무인기가 사람이 꽉 들어찬 도쿄 돔에 폭탄을 떨어뜨릴 가능성은 있어요. 실제로 죽는 사람 수는 적어도 거기에서 생기는 공포감은 사회의 안정을 손쉽게 파괴합니다. 미국에서는 9.11 테러 직후에 영화관이나 야구장에 가지 못했으니까요.

후루이치 전면전은 벌어지지 않지만 국지적인 전쟁으로 세계 정세가 일변할 수 있다는 말씀이군요.

오구마 그래요. 후루이치 씨에게는 새로운 가능성에 무라무라하는 (들끓는) 한편으로 지금 생활하는 무라(마을)의 안주를 버리지 못하는 양의성이 있어요. 그 두 가지 자질 중 일상 안주 쪽에 서서는, 가능성으로 뜨겁게 달아오른 사람들에게 냉수를 끼얹는 방향성만으로 인기를 얻고 있어요. 게다가 여전히 안정을 믿고 있는 중장년층을 대상으로 한 매체에서요. 나는 그런 점이 케케묵어 보여요.

후루이치 확실히 그런 수요가 있을지도 모르겠네요. 저도 안정적인 일상을 전제로 논의를 전개할 때가 많습니다.

오구마 그건 브레이크를 밟고 있기 때문입니다. 브레이크에서 발을 떼면 자기 내면의 진정 기능이 작동하지 않으니까요. 하지만 그걸 깨부수지 않으면 현재 지점에서 앞으로 더는 나아가지 못합니다.

2

사토 도시키 선생에게
'사회학의 사고법'을 묻다

사토 도시키 佐藤俊樹

1963년, 히로시마 현에서 태어났다. 도쿄대학에서 사회학 박사 학위를 받았다. 도쿄대학 대학원 종합문화연구과 교수다. 전공은 비교사회학, 일본사회론이다. 한국에서 출간된 저서로는 《불평등 사회, 일본》이 있다. 그 밖의 저서로 《근대·조직·자본주의》《노이만의 꿈, 근대의 욕망》(후에 《사회는 정보화를 꿈꾼다》로 제목을 바꾼 개정·증보판이 나왔다) 《벚꽃이 만든 일본》《의미와 시스템》《격차 게임 시대》 등이 있다.

사토 도시키 선생을 한마디로 표현하면 '사회학을 사랑하는 사람'이다.

그 사랑은 때때로 비명과도 같은 형태를 취한다. 예를 들어 1990년대 후반 미야다이 신지나 오사와 마사치의 책이 널리 읽힌 이후, 다양한 분야의 비평에서 '시스템 이론'이나 '제삼자의 심급' 같은 단어가 흔하게 쓰이게 되었다. 이를 두고 사토 선생은 '잘 팔린 사회학 저서를 인용해 비평하는 것은 서브컬처를 사회로 연결하는 한 가지 수법이라 하겠지만, 안이하게 사용하지 않았으면 좋겠다'라고 언급했다(《사상지도 vol. 5》).

또 동업자인 사회학자도 신랄하게 비판한다. 사회학에서는 '언설'이라는 개념과 '언설 분석'이라는 수법이 유행하던 때가 있었다. 그런데 사토 선생이 보기에 '언설'이라는 단어를 사용하지 않고도 할 수 있는 연구가 너무 많았다. 그런 상황을 두고 그는 '사실은 그냥 소리를 지르고 싶은 것뿐이다. 더는 단어를 애처롭게 사용하지 말아달라'라고 마음의 외침을 터뜨렸다(《언설 분석의 가능성》).

그렇다면 사토 도시키 선생이 생각하는 사회학은 무엇일까? 《플랫컬처》에 기고한 글에서 그는 아카데미즘으로서의 사회학과 대중매체 등에서 발언하는 일반인 대상의 사회학의 차이를 논했다.

사토 선생은 일반인을 대상으로 하는 사회학은 '설명 과잉'에 빠지는 경향이 강하다고 보았다. 단 하나의 이론과 도식으로 사회 전부를 말하려고 한다는 비판이다. 그런데 이런 과대 이론은 한때 아카데미즘의 사회학에서도 보였다. 대학 시절에 사회학을 적극적으로 전공하진 않은 사토 선생은 사회학의 이런 모습에 위화감을 깊이 느꼈다고 한다. '왜 잡다하고 강제적인 논의나 체계화가 과대평가를 받을까?'라고(《의미와 시스템》).

그래도 그 후로는 사회학의 지식이 축적되어 학문 수준이 매년 상승했고, 사토 선생 역시 사회학자로서 해온 다양한 활동도 일본 사회학의 수준을 높이는 데 기여했다.

그것이 사토 도시키 선생이 생각하는 진지한 사회학자의 모습일 것이다. 그러나 동시에 그 모습은 '솔직히 말해서 너무 엄격하고 벅차며' 그래서 그는 '양식화된 도식으로 사회를 설명한 1970년대까지의 사회학자가 부럽기까지 하다'고 한다.

사토 선생은 매우 성실한 사람이다. 수상쩍게 여겨지기 쉬운 사회학을 전달하기 위해서 전문가인 사회학자로서 무엇을 할 수 있는지 모색해왔다.

그 성과의 일부가 《사회학의 방법》에 정리되었다. 뒤에 등장하는 니헤이 노리히로 선생에 따르면, '다 읽고 나면 고급 증류주를 마신 것만 같은 기분'이 드는 책이다. 이 설명만으로는 어떤 느낌인지 모를 테니, 흥미가 있다면 꼭 찾아보기 바란다.

사토 도시키 × 후루이치 노리토시

왜 '사회학'의 존재감이 커졌을까

후루이치 편집자가 사토 선생에게 인터뷰를 의뢰했을 때, '후루이치 노리토시'라는 입장의 특수성에서부터 사회학 이야기를 시작하고 싶다고 하셨다고 편집자로부터 전해들었습니다.

사토 네. 현재 일본 사회에서 사회학의 위치를 생각하려면 후루이치 씨가 가장 좋은 샘플이 될 테니까요. 후루이치 씨가 텔레비전에 출연했을 때 자막에 '사회학자'라고 나와서 나를 포함해서 사회학자들은 모두 놀랐습니다. 사회학계에서 보면 후루이치 씨는 아직 업적이 없는 대학원생이니까, 넓은 의미에서는 학생이죠. 그런 입장인 사람에게 대중매체에서 '사회학자'라고 직함을 붙인 것은 내가 하는 한 지금껏 없었습니다.

물론 학생일 때부터 매체에 등장하는 사람은 있었지만, 그럴 때면 대체로 '평론가'라는 신분이었죠. 지난 인터뷰에서 오구마 에이지 선생이 대중매체에서는 '평론＝사회학'이라고 말씀하셨는데 그렇다면, 아니, 그렇기에 더더욱 후루이치 씨가 '평론가'가 아니라 '사회학자'라고 불린다는 것에 의미가 있습니다. 지금 사회학의 위치를 잘 나타내준다고 봅니다. 후루이치 씨는 석사 과정 수료식 때 이런 식의 말을 했죠. '전문 연구자는 절대 되고 싶지 않다. 사회학은 다양한 지식을 사용해서 많은 것을 생각할 수 있어서 아주 재미있는데 대학이라는 틀 안에 머무르기엔 너무 아깝다.'

후루이치 그렇게 말한 것 같습니다.

사토 그 후에 실제로 매체에 나와서 일을 시작한 모습을 보고 '오, 자기가 한 말을 지키는군!' 하고 웃으며 지켜보았는데, 후루이치 씨가 매체에서 행동하는 모습, 요컨대 전문 사회학과 거리를 두는 동시에 사회학의 일부로 세상에 받아들여지는 모습이 지금 사회학의 위상을 잘 나타내줍니다.

후루이치 '사회학'이나 '사회학자'라는 존재가 세상 속에서 어떤 설득력이 생겼다는 뜻이군요.

사토 네, 그렇게 생각합니다. 저보다 나이가 많은 사회학자에게 사회학은 문학부 구석에서 지루하고 궁핍하게 연구하는 학문이었죠. 그런데 이렇게 주목을 받다니, 거북함을 느끼기도 합니다. (웃음)

후루이치 왜 사회학이나 사회학자가 세상에 통용되었을까요?

사토 설득력 있는 말의 종류가 달라졌기 때문이라고 생각합니다. 사회과학 중에서 지금까지 압도적으로 강한 학문은 경제학이었고 '사회과학의 여왕'이라고도 불렸죠. 경제학이 왜 강했을까요? 물리학 모델을 그대로 시장에 적용해서 발전해왔기 때문입니다. 쉽게 말해서 사회를 자연 현상과 똑같이 관찰하고 예언할 수 있어요. 경제학의 강점입니다.

그러나 사회가 복잡해지면 사회의 동향을 자연과학처럼 모델화해서 예측하기 어려워집니다. 그래서 자연과학과 다른 방법으로 접근해 사회를 설명하는 사회학의 말이 존재감을 강하게 나타내기 시작한 것 아닐까 합니다.

사회의 외부에 선 순간 '애처로운' 사회학자가 된다

후루이치 사회학자도 예언을 해달라는 요청을 종종 받지 않나요?

사토 쉽게 예언하느냐 하지 않느냐가 제대로 된 사회학자인지 아닌지 알아보는 테스트가 됩니다. 사회학자는, 말하자면 사회 내부에 휩쓸려 있어요. 그래서 자연 현상처럼 사회를 관찰하지 못합니다. 게다가 자신의 행위나 말도 사회의 일부가 되어 영향을 주죠. 따라서 대충 예언을 툭 던질 수 없어요. 그것이 경제를 외부에서 전망하는 경제학자나 이코노미스트와 크게 다른 점입니다.

후루이치 많은 사회학자가 가족이나 청년 같은 특정 집단을 관찰하죠. 그런 상황이라면 집단 내부에 있으면서도 외부에서 말하는 형태를 취하기 쉬울 것 같은데요?

사토 분명 어떤 영역을 좁게 잘라내서 "나는 이 분야의 전문가입니다"라고 말하는 경향이 있죠. 그러나 사회학인 이상, 영역을 고정해놓고 말할 수 없습니다. 사회학은 기본적으로 사안을 '관계'로 포착하려는 발상이 있습니다. 그러므로 가족을 다루는 순간, 가족과 그 밖의 것의 관계도 생각해야만 하죠. 가족만 싹둑 잘라내서 다루는 것은 애초에 불가능합니다. 관계를 생각하려면 좀 더 넓은 시야를 가져야 하니까 '자신도 내부에 있다'는 사실도 더 뚜렷하게 보입니다. 그 사실을 금방 아느냐 모르느냐가 사회학자의 센스일지도 모르겠군요.

후루이치 센스라는 말씀은……?

사토 자기는 외부에 멀뚱히 서 있다고 생각한 순간 '애처로운' 사회학자가 되는 겁니다.(웃음) 천재나 신에 가까운 예언자가 아닌 한, 사회학에서 그런 입장에 선 인간은 애초에 없으니까요. 외부에 서 있는 것처럼 말하지 않으려고 어떻게 노력하는가, 이것이 사회학자로서 일할 때 중요합니다.

후루이치 그럼 사회학자는 집단 내부에서 어떻게 말하면 좋을까요?

사토 이번에도 경제학자와 비교하면 알기 쉽습니다. 경제학자는 자신의 모델에 근거해서 금융완화가 필요하다고 생각하면, 극단적으로 말해 경제 정책을 담당하는 관청이나 일본은행에만 제안하면 그만입니다. 그런데 사회학자는 "가족은 이러이러한 편이 낫습니다"라고 정부에 말하는 것만으로는 그다지 의미가 없어요. 외부에 서 있다고 생각하지 못하기 때문에 '이렇게 하면 반드시 이렇게 된다'고 말할 수 있는 대상도 아주 적죠. 그러므로 같은 평지에서 사는 한 인간으로서 사람 한 명 한 명에게 입말로 대화하고 생각하게 합니다. 보통 이 방법밖에 없어요.

사회학을 확실하게 사용하는 순간

후루이치 사토 선생도 매체에서 '사회학적으로 이 문제를 어떻게 생각하십니까?'라는 질문을 수없이 받으셨을 겁니다. 사회학자로서 그런 질문을 진지하게 답하는 방법이 있을까요?

사토 먼저 '이런 전제하에서는 이렇게 말할 수 있다'라는 형태로, 전제를 밝힌 뒤에 말하는 것이 중요합니다. 물론 이렇게 한정하고서 말하니까 거창한 소리는 하지 못해요. 그런데 사회학자로서 할 일은 오히려 그다음으로 이어지는 대화에 있습니다. 무슨 소리인가 하면, 인터뷰어가 맨 먼저 던지는 질문은 대개 아직 모호한 상태입니다. 나는 그런 질문을 받으면 대답하면서 "사실은 이런 것이 궁금한 거 아닌가요?" 하는 식으로 질문을 되돌립니다. 자신이 정말 궁금한 것이나 느낌을 명확하게 말로 표현하기란 참 어렵습니다. 신문사에서 일하는 기자도 당연히 예외가 아니에요. 그러므로 대화를 나누면서 상대에게 '내가 궁금했던 것은 이거구나!' 하고 깨닫게 하는 상황이 꽤 있습니다.

후루이치 사회학자는 치료사(therapist)나 컨설턴트에 가까울까요?

사토 치료사와는 다릅니다. 뛰어난 치료사는 일정 부분 이외에는 절대로 흔들려서는 안 됩니다. 그와 반대로 사회학자는 상대와 공명하면서 완만하게 대답을 만들어가니까, 치료사는 사회학자와 가장 어울리지 않는 직업입니다.

군이 따지면 컨설턴트에 가깝겠죠. 다만 일반적인 컨설턴트는 "이렇게 하면 적자를 2년 안에 해소할 수 있습니다"라는 식으로 예언자가 될 것을 요구받습니다. 그런 점에서는 사회학자와 다릅니다. 나는 《사회학의 방법》이라는 책 마지막에 사회학을 확실하게 사용할 수 있는 순간이 딱 하나 있다고 했습니다. 자기 목을 스스로 조르는 사람에게 "조르지 않아도 괜찮아요"라고 말하는 때입니다. 자기 목을 스스로 조르는 사람에게 다른 시점을 제공하거나 그 사람이 폼은 생각을 좀 더 명료한 말로 표현함으로써, 문제의 진면목을 쉽게 생각하도록 도울 수 있어요. 그게 사회학자의 중요한 임무가 아닐까요.

두 거장의 이론을 배우는 것이 사회학이었던 시대

후루이치 그래도 90년대 무렵에는 사회를 외부에서 초연하게 말하는 이론사회학이 크게 유행했죠.

사토 우리 연대에서 보면 오히려 90년대는 사회학이 변하기 시작한 시기로 여겨집니다. 그보다 이전 시대는 카를 마르크스나 탤컷 파슨스(Talcott Parsons)가 동양과 서양에서 양대 거장이었어요. 내가 대학원생이었을 때는 마르크스주의가 압도적으로 강했습니다. 지금도 생생하게 기억하는데, 당시 내가 다닌 대학원에서는 마르크스를 칭찬하지 않으면 우파로 취급했습니다. '마르크스주의자'라고 굳이 주장하지 않아도 디폴트가 좌파였죠. 그 정도로 두 거장의 영향력이 강했으니 그들의 거대 이론(grand theory)을 열심히 읽고 공부해서 필사적으로 익혔습니다. 그렇게 하는 것이 사회학을 공부한다는 것과 동의어였습니다.

그런데 90년대가 되자, 우리 주변의 사회학자가 자신의 이론을 세워 '사회는 이렇다!'라고 말하기 시작했죠. 대단한 변화입니다.

후루이치 그 하나로 모든 영역의 사안을 설명할 수 있는 것을 거대 이론이라고 하죠. 그때까지는 마르크스나 파슨스의 거대 이론을 배우는 것이 무엇보다 중요했고 자신이 독자적인 이론을 발표한다는 생각은 하지 못했다는 뜻인가요?

사토 그렇습니다. 동아시아의 시골 대학 출신인 일개 사회학자가 (웃음) 그런 소리를 하면 안 되는 시대였죠.

후루이치 일본의 사회학자가 자신의 거대 이론을 구축하고 점차 발언하게 되었다는 것은 마르크스와 파슨스의 권위가 실추되었다는 의미일까요?

사토 그렇습니다. 그렇게 되는 이유 중 하나는 아무리 거대 이론이라도 50년, 100년 단위로 보면 설명이 어긋나기 때문이죠. 예를 들어 마르크스주의가 정말 옳다면 미국은 1960년대에는 이상해졌어야 하고 70년대에는 소련이 미국을 추월했어야 해요. 전혀 그러지 않았지요.

또 다른 이유는 이론 정비가 진행되었기 때문입니다. 마르크스주의에는 영향력이 지대했던 '절대적 궁핍화론'이라는 이론이 있습니다. 자본주의가 궁극에 달하면 임금은 오르지 않고 실업자가 늘어나서 노동자는 절대적으로 궁핍해진다는 이론입니다. 그런데 수식으로 이를 모델화할 수 있게 되자 어떤 조건이 바뀌면 궁핍해지지 않는다는 사실이 논리적으로 밝혀졌어요. 파슨스의 이론에도 같은 일이 벌어졌습니다. 논리적으로 정식화가 진행됨에 따라 이론에 내재된 모순점이 발견되었죠.

요컨대 현실 세계와 대조해도 잘못되었고 이론으로서도 모순이 있음을 알았기에 양대 거장의 거대 이론도 빛을 잃었습니다.

후루이치 그 후 일본에서는 미야다이 신지나 오사와 마사치가 거대 이론을 말하는 시대가 찾아왔죠. 그러나 그 후 상황을 살펴보면 미야다이 선생이 말한 이론조차 여간해서는 믿어주지 않는 시대가 된 것 같아요?

사토 뭐, 그건 당연하지요. '그랜드'한 이론이 툭하면 나오는 것 자체가 이상하니까요.(웃음) 지구의 절반, 동과 서에 하나씩 거대 이론이 있는 정도라면 괜찮은데, 인구 1억 명인 동아시아의 나라에서 거대 이론을 두 사람이나 발명했다면 단순하게 계산해도 선진국에는 대략 12명의 이론의 대가가 있는 셈이 됩니다. 그러면 이제 군웅할거 전국시대예요. '나야말로 옳다'면서 작은 카리스마가 여기저기에서 일어나죠. 그런데 그 역시 결국에는 사회 변화를 제대로 설명하지 못하거나 논리의 모순을 보이면 가치가 사라집니다.

카리스마의 오사와, 무당 같은 미야다이

후루이치 미야다이 선생이나 오사와 선생을 따르는 신자들이 많았나요?

사토 두 사람은 타입이 아주 달랐어요. 예전에 사회학회에서는 '고사와 군'이라는 말이 유행했습니다.

후루이치 고사와 군이요?

사토 네. 오사와의 복제품 같은 사람을 '고사와 군'이라고 불렀습니다.(웃음) 오사와 선생은 당시 새로운 거대 이론을 이끄는 사람으로서 카리스마 있는 존재였는데, 그를 따르는 사람을 '고사와 군'이라고 불렀죠.* 당시 학회 대회에서 '무슨 소리를 그렇게 하나 했더니 고사와 군의 발표였다' 같은 식으로 쓰인 말입니다. 그런데 '고미야다이'라는 말은 없었어요. '미야다이 팬'이라는 말은 있었지만 '작은 미야다이'나 '미니 미야다이'라는 말은 만들어지지 않은 거죠. 즉 미야다이는 카리스마적이지 않았어요. 아주 매력 있는 캐릭터여서 말투가 재미있다거나 그의 시점이 흥미롭다고 여기는 팬은 잔뜩 있었는데 사회학적으로 따르는 자는 그다지 생기지 않았죠.

후루이치 두 사람의 차이는 무엇일까요?

---

* 오사와는 大澤, 고사와는 小澤이라고 쓴다.

사토 원인을 특정하려면 과학적인 절차가 필요하겠지만(웃음) 그런 절차를 생략하고 제가 예전에 세운 가설을 말하면, 성장한 환경에 차이가 있다고 생각한 적이 있습니다.

후루이치 이를테면 출신지요?

사토 오사와는 겉으로는 화려하고 현대적으로 보이지만 아주 성실한 교육자입니다. 선생이란 존재가 완벽하게 신뢰받는 환경에서 자란 사람처럼 보였어요. 그래서 교육의 현인 나가노 출신이라는 사실을 알고 '그러면 그렇지!' 하고 혼자 납득했지요. 학문 스타일에서도 그런 면이 드러나서, 오사와는 진리에 '가깝다/멀다'라는 거리 의식이 아주 강했습니다. 이른바 진리를 체현하려고 하는 사람이어서 생판 모르는 사람 중에서도 따르는 이가 생기기 쉬웠죠.

한편 미야다이에게는 진리가 실재한다는 감각이 희박했다고 봅니다. 오히려 그때그때 여러 사람이 흥을 올리는 이야기를 했습니다. 《서브컬처 신화 해체》에서는 '도쿄 도 미나토 구 스타일'인 것이 강조되었는데, 본인은 전학 경험에서 많은 영향을 받았다고 했어요. 그런 것까지 전부 포함해서 '역시 도시 사람이구나'라고 생각했습니다. 내가 히로시마라는 지방 도시에서 태어나고 자란 사람이다보니……(웃음) 외부에 초연하게 서는 것이 아니라 주변 사람들의 감각을 예민하게 느껴서 '이론'의 형태로 말하는 사람입니다.

그런 의미에서 오사와는 카리스마적인 예언자에 가깝고 미야다이 선생은 요리마시(憑坐), 그러니까 무당에 가까워요. 두 사람은 학문적으로 같은 연대이고 비슷한 거대 이론가로 보이는데, 사실은 이런 차이가 있죠. 그런 면에서도 그때가 딱 과도기였어요.

사회학적인 사고를 어떻게 익히는가

후루이치 《그랜드 시어리》라는 책에 기고하신 글에 특정 이론을 사용해서 다양한 사상을 설명하는 '과잉 설명'을 질타한 부분이 있습니다. 그것은 암암리에 미야다이 선생이나 오사와 선생의 거대 이론을 비판한 것처럼 읽히는데, 아닌가요?

사토 그건 너무 나간 거예요.(웃음) 나는 분명 거대 이론에 부정적이지만, 그 문장에서 말한 것은 사회학 훈련을 받지 않고 사회학을 사용하는 경우였습니다. 예를 들어 평론가인 사람이 책으로만 사회학을 공부해서 설명에 사용하면 과잉 설명이 되기 쉽습니다. 사회학이라는 학문은 대화로만 배울 수 있는 부분이 있어요. 아까 인터뷰를 예로 들어 말했듯이 사회학적인 사고는 "당신의 그 질문은 이런 것을 전제해서 생각하고 있군요"라는 형태로 대화하면서 답을 느긋하게 찾아갑니다. 물론 최초로 설정한 대전제 역시 무조건 옳다고 할 순 없지요. 그런 사회학적인 사고를 익히려면 대화의 훈련을 반복해야 합니다. 사회학자에게 제일 중요한 훈련입니다.

후루이치 사토 선생은 학생들에게 사회학적인 사고를 어떤 식으로 가르치시나요?

사토 한마디로 말해 '자신이 말하는 것이 얼마나 잘못될 수 있는지에 민감해져라'입니다. 자신이 어디까지만 알고 있는지에 계속 민감할 것, 그것이 사회학자의 훈련에서 아주 중요합니다. 세미나에서도 누군가의 발표를 듣고 "그 견해는 어떤 것을 전제로 하고 있는데 그게 옳다고 생각하는 이유는 무엇인가?"라는 식으로 묻고 답합니다.

사회학에서는 자신이 말하는 전제가 절대적으로 옳다고 단언하지 못하는 상황에서 논의를 진행하고, 옳은 것과 옳지 않은 것을 논증하는 과정이 필요합니다. 그렇다면 그 논증의 옳고 그름을 어떻게 판단하는가 하면, 자신이 사용한 전제에 모순되는 것을 말하면 탈락, 이것이 가장 강력한 기준입니다. 이런 논의나 사고에서는 자신이 잘못해도 이상하지 않다는 가능성을 항상 열어두는 것이 특히 중요합니다. 반대로 말해서 어떤 전제가 깔린 설명인데도 불구하고 결론이나 귀결만 잘라내 "현대 사회는 이러이러하다!"라고 말하면 과잉 설명이 됩니다.

후루이치 자신이 설정한 전제와 모순되거나 전제를 벗어나 결론만 절대적인 정답처럼 설명하면 사회학으로서 실격이군요. 그럼 사회학으로서 뛰어난 설명은 어떤 것일까요?

사토 아주 쉽게 말하면, 복수의 선택지를 정합적이며 구체적으로 설명하는 것입니다. "제 생각이 백 퍼센트 옳지는 않습니다"라고 말할 뿐이라면 간단합니다. 그러나 그 이외의 선택지도 정합적으로 제시하려면 "전제를 이렇게 바꾸면 이렇게 됩니다"라고, 다른 전제를 두었을 때의 다른 설명을 구체적으로 할 수 있어야 합니다. 그렇게 할 수 있느냐 없느냐로 사회학으로서 좋은 설명과 그렇지 않은 설명을 대충 식별할 수 있습니다.

후루이치 그 판단 기준은 사회학 이외에도 적용될까요. 아니면 사회학 특유의 판단 기준일까요?

사토 어떤 학문에도 어느 정도는 적용할 수 있을 겁니다. 그래도 물리학이나 수학이라면 절대로 이것이 옳다는 자신의 직감을 믿고서 10년간 우직하게 연구만 해서 성과를 내는 방식도 있습니다. 물리학을 모델로 해서 만든 경제학에서도 그렇게 임하는 사람은 있을 겁니다.

그런 학문과 비교해서 사회학에서는 특히 복수로, 또 대안적으로 설명하는 것을 중시하는 경향이 강하다고 할 수 있습니다.

　　　　　　　　　　　　　　　　　사토 도시키 × 후루이치 노리토시

사회학은 '만지는 것'

후루이치 사회학에 적합한 사람은 어떤 사람일까요?

사토 일단은 호기심이 있어야겠죠. 호기심이 없이는 다른 가능성이나 다른 전제를 생각할 상상력이 작용하지 못하니까요. 그리고 사안의 감촉에 감각을 지닌 사람이 어울립니다.

후루이치 감촉이요?

사토 감촉은 아주 중요합니다. 딱 보기만 해도 다 안다고 자인하는 사람이나 머릿속으로만 생각하는 사람은 사회학자로서 오래가지 못합니다. 만지는 감각을 지닌 사람이 오래가죠.

후루이치 이유가 뭘까요?

사토 만지는 감각이 있는 사람은 유연하게 사안을 받아들이기 쉽기 때문입니다. '만진다'는 행위는, 전부를 모르더라도 어느 부분을 포착할 수 있습니다. 만지는 사물이나 일이 무엇인지 가르쳐줍니다. 그래서 색다르게 생각해보는 상상력도 쉽게 움직이죠. 반대로 머리로만 생각하는 사람은 다른 가능성마저도 추상적인 형태로만 생각합니다. 그래서 발상이나 사고가 쉽게 경직됩니다.

후루이치 '오래간다'는 말을 쓴다는 건 사회학자로 계속 있는 것이 어렵기 때문일까요?

사토 그렇지 않을까요. 제 가설 중 하나가 '사회학자에게 무한한 수명을 주면 마지막엔 모두 종교가 된다'는 것입니다.

아까 말했듯이 자신이 하는 말이 부분적으로만 옳다고 여기고 자신이 하는 말을 의심하는 태도를 유지하면서 논리적으로 말하는 것은 자신을 매우 엄격하게 조정하는 작업입니다. 아주 힘들고, 머리를 사용해야 할 뿐만 아니라 체력까지 소모해요. 예언자처럼 "이거다!" 하고 단정하는 편이 훨씬 편합니다. 그러니 무한한 수명이 있으면 저를 포함해서 사회학자들은 언젠가 지쳐서 사회학자를 그만두고 종교가가 되지 않을까 싶습니다.

후루이치 사토 선생은 같은 사회학자인 기타다 아키히로(北田暁) 선생에게 '심술궂다'는 지적을 받으셨죠.(웃음) 사토 선생도 그렇고 사회학자에게는 왜 비꼬기 좋아하고 심술궂다는 이미지가 있을까요?

사토 실제로 고약해서 그렇겠죠?(웃음) 내가 얼마나 심술궂은 시선으로 동업자를 지켜보는지는 지금까지 한 말로 충분히 알 텐데 일부러 질문하다니, 심술궂네요. 뭐, 사회학자는 어느 정도 비꼬는 기질이 있다고 봅니다. 내가 하는 말을 나도 백 퍼센트 믿지 않아요. 사안은 전제에 의존해야 한다고 주입되었으니까 "당신은 그걸 믿고 있는데 사실 믿는 근거가 전혀 없죠"라는 형태로 상대의 말꼬리를 잡아 무너뜨리는 기술이 교묘해집니다. 그런데 그만큼 유머를 지녀야 한다고 강조해두고 싶어요. 유머 없이 심술궂기만 하면 본인도 괴로워지고 다른 사람이 그의 말을 들어주지 않습니다.

앞으로 사회학은 진보할까?

후루이치 앞으로는 지금까지보다 더 거대 이론이 만들어지기 힘들 것 같습니다. 그런 상황에서 사회학은 어떻게 진보할까요?

사토 '이런 장면이나 이런 상황에서는 이런 일이 일어난다'고 한정적인 지식을 쌓아 올리는 것은 가능합니다. 예를 들어 동아시아 사회를 봐도, 일본의 뒤를 한국이 따라오고 한국의 뒤를 중국이 따라오는 식으로 시차를 동반해서 상당히 비슷하게 전개되고 있습니다. 그러나 큰 틀에서는 비슷한 전개라 하더라도 일본과 한국은 절대로 똑같은 사회가 되지 않습니다. 그런 '비슷하지만 다른' 상황을 몇 가지 관찰할 수 있으면 한정적인 지식을 더 조합해서 장래를 예측할 수 있습니다. '비슷하지만 다르다'라는 상황에서는 전제 조건의 차이에 따른 인과를 특정하기 쉽습니다.

한편으로는 예전부터 내려온 과제도 있는데요. 사회학에는 제도에 관한 지식이나 경험이 부족합니다. 내 첫 저서인《근대·조직·자본주의》는 법인을 다룬 비교사회학인데, 사회학자가 법률을 말하려고 하면 참 무서워요. 법학이나 경제학이 근대적인 빌딩이라면 사회학은 '빌딩 사이의 라면 가게' 같다는 의식이 있어서 빌딩 안으로는 좀체 들어가지 못합니다. 그러니 '빌딩 주변의 풀밭은 이러이러하다' 같은 이야기만 쓰게 되죠. 그러나 사회는 모두 얽혀 있으니까 사회학 연구에는 법제도나 경영 조직에 관한 지식도 필요합니다. 그럼에도 불구하고 여전히 사회학자는 그런 것을 잘 못하겠다는 의식이 있는 것 같습니다. 오히려 법학이나 경제학 연구자 중에 사회학적인 사고법을 능숙하게 체득하고 일하는 사람이 늘어나고 있다는 인상을 받아요.

후루이치 지금 말씀하신 사회학적인 사고법이란 단순히 사회학 용어나 개념 사용을 가리키는 것은 아니죠. 앞서 설명하셨듯 사회 내부에 있으면서 반성하는 시선을 보내는 것인가요?

사토 그렇습니다. 평론가가 매체로부터 예언을 해달라는 요청을 받고 성급하게 '사회학'을 사용하는 것과 다르게, 정치학이든 경제학이든 사회과학 연구자는 기초 훈련을 받았기 때문에 전문 연구인 사회학에도 쉽게 적응합니다. 그러므로 길드로서 사회학의 최대 경쟁자는 법학이나 정치학, 경제학을 하는 사람들이 사회학도 할 수 있게 되는 것입니다. 그렇지만 영역 다툼은 의미가 없어요. 사회학자도 법제도나 경제를 말할 수 있게 돼서 법학과 정치학, 경제학이나 경영학 쪽 사람들과 서로 자극하는 관계를 만들어야 합니다.

3

**우에노 지즈코 선생에게
'사회학의 사용법'을 묻다**

우에노 지즈코 上野千鶴子

1948년 도야마 현에서 태어났다. 도쿄대학 대학원 사회학 박사 과정을 수료했다. 도쿄대학 대학원 인문사회계 연구과 교수를 거쳐, 현재 인정 NPO법인 WAN(WOMEN'S ACTION NETWORK)의 이사장을 맡고 있다. 리츠메이칸대학 특별 초빙교수, 도쿄대학 명예교수, 일본학술회의 제휴 회원이다. 전문은 여성학, 젠더 연구다. 한국에서 출간된 저서로 《여성 혐오를 혐오한다》 《누구나 혼자인 시대의 죽음》 《결혼제국》 등이 있고, 그 외의 저서로 《가부장제와 자본제》 《근대 가족의 성립과 종언》 《내셔널리즘과 젠더》 《케어 사회학》 등 다수가 있다.

'우에노 지즈코'와 언제 어떻게 만나는가, 그에 따라 우에노 선생의 이미지는 크게 달라질 것이다.

'젠더론의 개척자' '공격적인 페미니스트' '교토의 여왕' '도쿄 대학의 귀신 교수' '품위 없는 말이 전문인 인생 상담가' '개호 문제 전문가' 등에 이르기까지, 우에노 선생에게는 수많은 얼굴이 있다(참고로 '교토의 여왕'은 미타 무네스케 선생의 증언이다).

그만큼 경력이 길고 활동 분야가 다양하기 때문이다. 1980년대에 출판된 《스커트 아래의 극장》부터 아직 기억에 생생한 《누구나 혼자인 시대의 죽음》까지, 시대마다 베스트셀러를 낳았다. 사회학계의 나카지마 미유키* 같은 존재다.

이번 대담에서는 '명석한 사회학자' 우에노 지즈코와 만났다. 그 자신이 《느낌을 팝니다》에서 말한 것처럼 사회학자로서 우에노 선생은 '닳고 닳은 리얼리스트'다. 우에노 선생이 사회를 노골적으로 설명하고 상식을 비틀어 내보이는 방식은 정말이지 통쾌하다.

2016년에 매체를 떠들썩하게 한 불륜 보도에 대해 우에노 선생은 "사람이 왜 불륜을 안 하는지가 오히려 이상합니다. 그전에, 사람은 왜 결혼이라는 지키지 못할 약속을 할까, 이게 더 이상합니다"라고 의문을 제기했다(《사람은 왜 불륜 행위를 하는가》).

---

* 　中島美雪. 일본의 싱어 송 라이터. 1970년대 말부터 지금까지 굳건한 인기를 자랑한다.

우에노 선생의 정의에 따르면 결혼은 '신체의 성적 사용권을 생애에 걸쳐 유일한 이성에게 양도하는 계약'이다. 이렇게 생각하면 불륜이 왜 안 되는가 하는 질문 이전에 사람은 왜 결혼하는가 하는 의문이 생긴다. 이것은 극히 일부 예시일 뿐이다. 우에노 선생의 문장을 읽으면 명석하게 해부하는 그 능력에 깜짝 놀란다.

우에노 선생은 기독교 집안에서 태어났다. 그러나 신앙자가 되지 않았다. 《살아남기 위한 사상》에서 그는 기도를 '무력한 자가 하는 최후의 행위, 행위라고 부르지 못할 정도로 무력한 중얼거림'이라고 단언했다. 그는 기도하지 않고 살고자 페미니즘을 선택했고, 사회학이라는 무기를 손에 넣었다. 실제로 우에노 선생의 사회학에는 '기도'가 없다. 그런데 책을 읽고 난 후에는 신기하게도 기분이 나쁘지 않다. 우에노 선생의 말에서 언제나 '희망'이 느껴지기 때문이다. 그것도 '닳고 닳은 리얼리스트'인 그가 제대로 현실을 분석하고서 엮어내는 희망의 말이다.

그 희망에 구원을 받은 사람은 셀 수 없이 많다. 거짓 아닌 희망의 말은 다정하기 때문이다.

내게 우에노 지즈코는 '다정한 사람'이다.

우에노 지즈코 × 후루이치 노리토시

사회학자는 샤먼이다

후루이치 먼저 이 책에서 모든 분께 드리는 질문부터 시작하겠습니다. 우에노 선생은 '사회학은 무엇입니까'라는 질문에 어떻게 대답하나요?

우에노 사회학을 보통 '사회와 개인에 관한 학문'이라고 하는데, 좀 더 엄밀하게 정의하면 '사람과 사람 사이에 일어나는 현상을 연구하는 학문'입니다.

그리고 또 한 가지, 사회학을 포함한 사회과학은 형이상학이 아니라 증거(evidence)에 근거한 경험과학입니다. 물론 사회학자라고 자칭하는 사람 중에는 형이상학을 좋아하는 사람이 잔뜩 있지만 나는 그렇지 않아요.

후루이치 형이상학은 다양한 현상의 뒷면에 있는 세계의 본질을 이해하려는 학문이지요. 신학이나 철학이 전형적입니다. 형이상학까지는 가지 않더라도 우에노 선생에게는 통일적인 이론을 만들고 싶다는 욕망은 없었나요?

우에노 없었어요. 왜냐하면 우리 세대 사회학자는 거대 이론을 해체한 후에 직업적인 아이덴티티를 형성했으니까요. 내게는 스승이 두 분 계시는데, 한 분은 요시다 다미토(吉田民人, 1931-2009)라는 억척스러운 구조기능주의자입니다. 요시다 선생은 개념 정리 마법사 같은 사람이어서 어떤 논의로 도전해도 그것을 반드시 체계 안에 놓고 설명합니다. 나는 가장 길게는 일곱 시간 동안 요시다 선생과 논의한 적이 있어요.

후루이치 일곱 시간이나 무슨 말씀을 하셨나요?

우에노 '내 말을 당신의 이론으로 설명하게 둘까 보냐!' 하고 계속 저항하다 보니까 길어졌어요. 그런데 이야기를 마친 후에 나는 녹초가 되었는데 요시다 선생은 전혀 지치지 않았지 뭐예요.(웃음)

후루이치 그 요시다 선생님께 우에노 선생은 무엇을 배웠나요?

우에노 거대 이론의 구린 점이요.(웃음) 진지하게 대답하면, 학문보다는 자세를 배웠어요. 이론은 늘 도박 같다는 것이라든가. 반대로 또 다른 스승인 사쿠타 게이치(作田啓一, 1922-2016) 선생에게는 구체적인 현상을 해석하는 풍부한 지식을 배웠습니다. 1970년대였는데 당시 사회학의 조류는 각론이 군웅할거한 시대였어요.

후루이치 군웅할거 시대라니요?

우에노 예를 들어 사회운동론이나 아이덴티티 이론처럼 재미있는 이론이 다양하게 나왔어요. 그런 이론은 국소적인 현상이나 사건을 설명할 수 있죠. 그렇지만 아이덴티티 이론으로 전부를 설명할 순 없죠. 그래서 사회학도 로컬한 질문에 로컬한 대답을 내놓는 쪽으로 변했습니다.

후루이치 사회학은 로컬한 대답을 내기만 하면 되나요?

우에노 이론이란 현실을 설명하기 위한 도구죠. 나는 거대 이론의 예견 능력 따위, 전혀 믿지 않아요. 이론은 늘 변화하는 현실을 우직하게, 충실하게 쫓아가서 설명하기 위한 도구에 지나지 않습니다. 그런 의미에서 '사회학자는 샤먼'이라는 게 내 지론이에요.

후루이치 샤먼이요?

우에노 예전에 〈버거, 우리의 샤먼〉이라는 짧은 글을 쓴 적이 있어요. 사회학자인 피터 버거(Peter L. Berger) 말입니다. 샤먼은 우리가 이해할 수 없는 현실을 설명해주는 사람, 이른바 사회를 풀어내는 사람입니다. 샤먼의 수수께끼 풀이에는 옳다/옳지 않다는 진위 판정이 없어요. 그렇기에 '옳은 샤먼'은 없습니다. 그 글에도 썼는데 '능숙한 샤먼'과 '서툰 샤먼'이 있을 뿐입니다.

후루이치 왜 '옳은 샤먼'은 없나요?

우에노 경험적인 현실에 내놓는 설명은 현실에 가까운 것이기는 해도 사실 검증이 불가능하니까요. 그 설명을 판정하는 기준이 무엇인가 하면 '이해 가능성(intelligibility)'이나 '그럴싸함(plausibility)'입니다. '그럴싸함'이 판정 기준이니까 옳은 설명은 없고, 능숙한 설명과 서툰 설명이 있을 뿐이죠.

후루이치 샤먼은 현실을 설명할 뿐만 아니라 미래를 예측해달라는 기대도 받지 않나요?

우에노 예언도 합니다. 그때 원칙은 단기 예측은 하지 말고 최대한 장기 예측을 하는 것이죠, 단기 예측은 맞았는지 틀렸는지 금방 들키니까.(웃음) 예측 대부분은 현재 상태라는 트렌드 위에 있으니까 '상정 외'를 예측하는 능력이 있는 사회학자는 없습니다.

후루이치 하긴 장기 예측은 그리 쉽게 검증할 수 없죠. 그런데 설명의 그럴싸함이 능숙함과 서툶의 판정 기준이라면 결국 좋은 사회학자의 조건은 팔리느냐 그렇지 않으냐가 되지 않나요?

우에노 팔리느냐의 문제보다는 수신자(audience)가 어떻게 판정하는가에 달렸습니다. 이 점을 토머스 쿤(Thomas S. Kuhn)의 《과학 혁명의 구조》를 읽고 확신했습니다. 《과학 혁명의 구조》를 읽었나요?

후루이치 그게 아마 패러다임을 설명한 책이죠.

우에노 그렇게 말하는 걸 보니 읽지 않았군요. 예를 들어 천동설에서 지동설로 패러다임 시프트가 왜 일어났는가, 이론의 진위를 다

투며 일어난 것이 아니에요. 논의를 해보면 양쪽 다 지지 않죠. 천동설 이론 체계로도 천체의 움직임을 정합적으로 설명할 수 있어요. 행성이라는 예외까지 설명하고 있고, 일식이나 월식도 예측할 수 있죠. 요컨대 천동설도 지동설도 거대 이론인 것은 변하지 않아요. 그렇다면 어떻게 패러다임 시프트가 일어났을까, 쿤은 아주 멋진 말을 했습니다. 과학자 집단이 새로운 이론에 동의함으로써 달라졌다고요.

후루이치 그건 사회학도 마찬가지죠.

우에노 그래요. 마찬가지죠.

보수 본류와 일반 독자 사이에서

후루이치 오디언스 집단도 사회학 커뮤니티라거나 일본 국민 전체 등 다양한 집단을 생각할 수 있죠.

우에노 네. 사회학뿐만 아니라 어디나 학회의 보수 본류와 일반 시민의 상식 사이에는 큰 차이가 있어요.

후루이치 그렇다면 보수 본류가 하는 사회학과 일반 독자 대상의 사회학에는 거대한 단절이 있을까요? 아니면 의외로 어딘가에서 이어져 있을까요?

우에노 양 측면이 다 있습니다. 예를 들어 사회학계 보수 본류가 하는 SSM조사('사회 계층과 사회 이동' 전국 조사) 보고서를 일반 독자가 읽을까요?

후루이치 안 읽겠죠. 일단 SSM조사는 조사하고 나서 발표하기까지 6년쯤 걸리니까요. 책도 한 권에 5천 엔 이상이고요.

우에노 절대로 일반 서적이 되진 못하죠. 그래도 역사적인 자료니까 6년이 걸리더라도 그만 한 가치가 있어요. 학술서 주문 부수가 수백 부라고 해도 수십 만 부가 팔리는 책과 비교해 가치가 떨어진다고 볼 순 없습니다. 잘 읽히는 학술서도 있잖아요. 오구마 에이지 씨의 두꺼운 책이나 피케티의 책이요. 그런 책이 십만 부씩 주문 들어오는 일본은 학자들이 쓴 책을 읽는 비(非)학자 층이 아주 두터워요. 나는 그걸 '프린지 아카데믹 저널리즘'이라고 부르는데요. 미국에서는 이 두 가지가 완벽하게 단절되었어요. 그런 독자층에 주목하면 일본에서는 학회와 일반 독자층이 완벽하게 단절된 것은 아닙니다.

후루이치 그렇군요. 우에노 선생은 학회 보수 본류를 대상으로 하는 논문도 쓰고 읽기 쉬운 학술서, 또 완벽한 일반서도 써오셨죠. 언어를 나눠서 사용하시는 건가요?

우에노 나는 아카데믹 언어와 일반 독자를 대상으로 한 일본어, 두가지 언어를 씁니다. 일반인 대상인 경우에도 매체별로 문체를 다

우에노 지즈코 × 후루이치 노리토시

양하게 바꾸니까요. 내가 잡지에 쓴 칼럼을 읽고 '어, 이 우에노 지즈코가 그 우에노야?' 하고 놀라는 독자를 생각하면 즐거워요.

단 노파심에서 말하는데 아카데믹 언어는 긴장을 일정하게 유지하지 않으면 계속 쓰지 못해요. 인용과 주석을 정확하게 넣고, 한 글자 한 구절도 소홀히하지 않고, 낭비를 최대한 줄이고……, 이런 방식은 그렇게 쓰는 습관을 계속 유지하지 않으면 못 해요.

후루이치 지금은 우에노 선생도 못하시나요?

우에노 못해요. 정년이 되어 업계에서 물러났다고 생각했더니 그런 긴장감을 갖추고 문장을 쓰지 못하게 되었어요. 일반 독자를 대상으로 하는 문장에 익숙해지니까 돌아가지 못하게 되었죠. 어쩌면 젊어서부터 일반 독자 대상인 책만 쓰다 보면 학술적인 논문을 쓰지 못할지도 몰라요. 게다가 일반인 대상의 책을 쓰다 보면 아무도 읽지 않는 논문을 쓰는 게 어리석게 여겨집니다. 일반 독자 쪽이 수신자가 많고 시장도 커요. 반응도 금방 오고요.

후루이치 그렇죠. 학술적인 논문은 써도 그다지 특별한 반응이 오지 않으니까요.

우에노 네. 그래도 프로 연구자로 살 생각이라면 아카데믹 커뮤니티 안에서 경쟁할 자리를 가질 필요는 있어요.

연구와 운동은 양립하는가

후루이치 우에노 선생은 사회학자인 동시에 젠더 연구자이기도 한데요, 그 둘 사이에 갈등은 없나요?

우에노 없어요. 왜 갈등이 있다고 생각하죠?

후루이치 사회학자는 사회학이 사회과학인 이상, 매사를 중립적으로 바라보는 시점이 필요하다고 생각해서요. 그런데 젠더 연구자로서 우에노 선생은 '사회는 이러해야 한다'라는 사회운동가의 의식도 있지 않나요?

우에노 고리타분하네, 후루이치 씨. 사회과학자가 중립적인가요?

후루이치 그래도 경험적인 현실에 기반을 두고 연구 결과로서 어떤 것을 도출해내지 않습니까? 그런 행위와 사회를 일정한 방향으로 유도하려는 행위는 충돌하지 않나요?

우에노 올바른 전략을 세우려면, 자신이 싸워야 할 대상을 정확하게 이해해야 해요. 그러지 않으면 잘못을 저질러요. 게다가 효율도 낮아지죠. 나는요, 《가부장제와 자본제》라는 책을 쓰면서 그걸 절실히 깨달았어요. 가부장제도 자본제도 내가 싫어하는 두 가지 적이죠. 그걸 분석했더니 어디가 약점인지 정확하게 이해했어요.

후루이치 그럼 처음부터 이미 싸워야 할 상대가 있었던 거군요.

우에노 당연하죠. 의문이 생긴다는 것은 그런 거니까요. 의문에는

우에노 지즈코 × 후루이치 노리토시

공평도 중립도 없어요. 나는 학생들에게 '가설'이 무엇인가 하면 '너의 억측과 편견'이라고 설명합니다. 연구가 증거에 기반을 두는 것은 적을 정확하게 아는 것이죠. 적을 착각하면 안 된다는 의미일 뿐이고, 역시 싸우기 위해서 그러는 것입니다.

후루이치 우에노 선생에게는 계속 적이 있었던 거군요.

우에노 그래요. 그러니까 전략적으로 움직입니다. 나는 경험과학 연구자니까 거짓말을 하지 않지만 진실을 말하지 않을 때도 있어요.

후루이치 데이터를 내지 않을 때도 있다?

우에노 물론이죠.

후루이치 그래도 되나요?

우에노 당연히 되죠. 그건 퍼포먼스 수준의 이야기일 뿐이니까. 그래도 자신의 논의에 어떤 약점이 있고 결함이 있는지 정확하게 알아두는 편이 당연히 좋겠죠. 연구자로서 그런 점에 눈을 감으면 안 됩니다.

후루이치 단 아웃풋 단계에서 내놓을 것인가 내놓지 않을 것인가는 전략에 따라 다르군요.

우에노 네. 이런 이야기를 오구마 에이지 선생한테 했더니 "사회운동가로서는 올바른 선택이군요"라고 말씀하셨어요.

후루이치 역시 우에노 선생은 운동가라는 의식도 강하군요?

우에노 그야 당연합니다. 젠더 연구는 페미니즘의 도구니까.

후루이치 그래도 사회학자로서 예언하는 것과 운동가로서 '이러이러했으면 한다'는 다르죠?

우에노 그건 달라요. 예를 들어 "일본의 저출생 현상은 어떻게 될까요?"라는 질문을 받을 때, 질문자에게 반드시 "내 객관적인 예상과 희망적인 관측 중에서 어느 쪽을 듣고 싶어서 하는 질문이죠?"라고 물어봐요. 사회운동가로서 역시 '이렇게 되면 좋겠다'라고 생각하는 희망적인 관측이 있어요. 그러나 그런 희망적인 관측과 사실에서 나오는 예측은 다르죠.

후루이치 그럼 매체의 요구에 따라서 발신 방법과 내용을 나눠 사용하나요?

우에노 당연히 나눠서 사용합니다. '이렇게 되면 좋겠다'는 메시지를 발신하는 편이 유리할 때도 있으니까요. 애초에 사회학은 자기 언급적인 학문이에요. 즉 자신의 언설 자체가 현실 일부를 구성하는 언설 활동이니까 전략적으로 생각합니다.

'사회학 세일즈 레이디'의 임무

후루이치 우에노 선생은 젠더 연구가로서 결과물을 내놓는 것과 사회학자로서 결과물을 내놓는 것에 차이가 있나요?

우에노 처음에는 달랐는데 젠더 연구는 학술적인 학문이고 그 안에서 내가 사회학 도구를 사용하니까 지금은 경계가 거의 없습니다. 사회학 자체도 경계를 넘나드는 학문이라 언어학, 문학비평, 심리학, 정신분석……, 이렇게 수많은 분야의 지식을 흡수했어요. 초(超)경계 학문을 하려면 사회학자라는 간판이 굉장히 편리합니다.

후루이치 그렇지만 반대로 외부에서는 전문성이 잘 안 보일 수도 있겠어요.

우에노 그 점은 포기하는 편이 좋아요. 영역의 전문성을 확립하려고 악전고투하는 사회학자도 있는데, 사회학은 분야의 경계를 설정하면 할수록 빈약해집니다.

후루이치 전문성에 지나치게 집착할 필요가 없다는 말씀인가요?

우에노 그래요. 주변 영역을 탐욕스럽게 집어삼켜서 사회학이라고 내세우는 편이 이점이 크죠.

후루이치 그렇지만 너무 비대하게 부풀면 사회학의 입구가 안 보이지 않을까요?

우에노 네. 사회학이 경계를 넘거나 다른 학문이 사회학에 접근하면 할수록 사회학이 구체적으로 어떤 학문인지 설명하기가 굉장히 어려워집니다. 그때 큰 의미를 지니는 것이 고유명을 지닌 사회학자입니다. 나는 내 세미나에 온 사람들에게 사회학을 왜 선택했는지 늘 물어보았어요. 그중에 "미야다이 신지 선생님 같은 연구를 하고 싶어요" "오사와 마사치 선생님 같은 일을 하고 싶어요"라고 대답하는 학생이 있어요. 그런 고유명을 갖춘 사회학의 영향으로 때때로 사회학 르네상스가 일어나요. 그렇게 신규 참가자가 늘어나면 됩니다. 다만 그분들에게 "미야다이나 오사와는 한 명이면 충분하니까 흉내는 내지 마라"라고 말하지만요.(웃음) 나는 '사회학계의 세일즈 레이디'라고 자처해요. 그러니 "우에노 선생님처럼 연구하고 싶어요"라는 말을 듣는다면 사회학계의 번영을 위해서 더할 나위 없이 기쁠 거예요.

의문이 없는 사람은 사회학에 오지 않아도 된다

후루이치 사회학에는 어떤 사람이 적합할까요?

우에노 예전에는 주로 첫째로 호기심, 둘째로 호기심, 셋째, 넷째는 없고 다섯째로 가벼운 엉덩이라고 말했죠.(웃음)

후루이치 '가벼운 엉덩이'는 어떤 뜻인가요?

우에노 호기심에 몸이 따라가서 현장으로 향하는 것입니다. 호기심은 '어라?'나 '으응?' 하는 깨달음이나 잠음을 말해요. 평범한 사람은 눈치 채지 못하는 것이 궁금해서 몸을 움직이는 사람에게 적합합니다. 여기에 더해서 요즘에는 조금 다른 말도 하고 있어요. 사회학자의 또 한 가지 조건은 상상력보다 현실이 풍부하다고 생각하는 것. 이게 아주 중요해요.

후루이치 왜죠?

우에노 나는 사회학자의 가상의 적이 작가나 창작가라고 생각해요. '크리에이티브한 일을 하고 싶다'라고 착각하고는 사회학과에 들어오는 학생이 있거든요. 나는 그런 사람들한테 누구도 흉내 내지 못할 완벽하게 독창적인 일을 하고 싶다면 창작과에 가라고 하죠. 연구란 아티스트(artist)의 일이 아니라 아르티잔(artisan), 바로 장인의 일입니다.

후루이치 구체적으로 어떻게 다른가요?

우에노 아티스트라면 바흐의 무엇, 로댕의 무엇, 이렇게 이름과 함께 역사에 남는 것이 명예죠. 그러나 사회학자는 달라요. '푸코의 언설분석'이라고 불리는 동안에는 아직 장인 집단의 공유재산이 되지 않은 상태예요. 그렇기에 '푸코의'가 떨어져나가고 '언설분석'만 남아 업계에서 공유하는 도구가 되어야 장인으로서 명예가 되죠.

후루이치 어떻게 해야 장인 집단에 들어갈 수 있을까요?

우에노 그야 당연하지 않겠어요? 학위 논문을 쓰는 거예요. 그게 사회학 장인 집단에 들어가는 가입 의례입니다.

후루이치 단순히 막연하게 주제를 안고 있어도 그걸 연구 주제가 될 만한 의문으로 반영해내는 게 참 어려워요.

우에노 의문이 없는 사람은 사회학에 오지 않아도 돼요.(웃음)

후루이치 이 책은 앞으로 사회학을 배우고 싶어 하는 사람도 읽을 테니까 구체적인 충고를 부탁드립니다.

우에노 내가 세미나에서 줄곧 했던 말은, 사회학을 포함한 사회과학은 경험과학이니까 답 없는 의문은 성립하지 않는다는 것입니다. 사람은 왜 태어날까, 인생에 의미가 있을까, 이런 질문들이요.

후루이치 그건 사회학이 아니니까요?

우에노 네. "그런 걸 생각하고 싶다면 종교학이나 철학 쪽으로 가라. 우에노 세미나에서 묻지 마"라고 계속 말해왔습니다. 두 번째로 자기 손에 넘치는 의문은 갖지 말 것. '세계 시스템의 행방'이라는 의문에 답을 낼 수 있겠느냐고요.(웃음) 간단히 말해서 허풍 치지 말라는 겁니다. 감당할 수 없는 의문에는 1년이면 낼 수 있는 답과 3년이면 낼 수 있는 답, 5년이면 낼 수 있는 답이 있는가 하면, 평생 걸려도 내지 못하는 답이 있어요. 의문의 규모에 대한 감각을 착각하면 안 됩니다.

후루이치 그런 의문을 만드는 방식에 센스가 관계 있을까요? 오구마 선생도 사토 선생도 '센스'라는 단어를 말씀하셨는데요.

우에노 당연히 있지요. 정확하게 말하면 센스와 훈련이요. 센스는 선천적이어서 울고 발버둥을 쳐도 어쩔 수 없는데, 훈련할 수 있는 부분도 있어요. 그래서 나는 세미나에서 연구계획서를 제출하게 하고 몇 번이고 퇴짜를 놓습니다.

후루이치   이를테면 3년 안에 절대로 실현 불가능한 계획이면 퇴짜를 놓으시는군요?

우에노   그럼요. 그리고 나는 사회학은 경험과학이라고 확신하고 있으니까 2차 데이터를 솜씨 좋게 정리하는 연구는 절대 인정하지 않아요. 관찰이든 조사든, 스스로 1차 정보를 가져온 연구만 인정합니다. 우에노 세미나에서는 학생에게 이런 몇 가지 정책을 강요했습니다. 그런 점에서는 가부장적인 벽처럼 버티고 서서 나를 뛰어넘으라고 하는 구식 선생이었죠.

후루이치   사회학자는 심술궂고 비꼬기 좋아한다는 말을 자주 듣는데 과연 어떨까요?

우에노   나는 사회학자의 일을 '상식 비틀기'라고 부릅니다. 일반인이 당연하게 믿는 것을 순순히 믿지 않아요. 항상 "왜?" "어째서?"라고 의문을 던집니다. 그게 습성이니까 자연스럽게 성격이 시니컬해지죠.

후루이치   우에노 선생은 사회학을 시작한 뒤에 성격이 나빠지셨나요? 아니면 원래 성격이 나빠서 사회학을 시작하셨나요?

우에노   상승효과죠.(웃음) 성격이 나쁘니까 사회학자가 되기에 유리했을지도 모르고, 사회학을 했으니까 성격이 나빠졌을지도 모르고요. 반대로 말하면 어떤 일이든 좀처럼 의심하지 않고 쉽게 믿는 사람은 사회학자에 적합하지 않아요.

후루이치 책을 읽을 때도 의심하면서 읽으시나요?

우에노 그야 당연하죠. 문헌을 읽는 것은 타인의 실수를 찾는 것. 내가 똑같은 문헌을 쓰지 못하더라도 타인의 실수는 찾을 수 있어요. 나는 워낙 그런 체질이다 보니 빨간 펜 없이는 책을 읽지 못해요. 세미나에서 고전이라고 불리는 문헌을 읽게 하면, 문헌에 설득되어 "따로 더 말할 것이 없습니다"라고 하는 학생이 있는데 그런 사람 역시 사회학자에는 적합하지 않아요.

후루이치 역시 사회학을 하다 보면 성격이 나빠지네요.

로컬한 정보를 세계로 발신하는 것

우에노 후루이치 씨는 프로 연구자가 되는 계획은 여전히 없나요?

후루이치 프로랄까요, 대학에서 일자리를 반드시 구하겠다는 마음은 현재는 없습니다.

우에노 프로 연구자가 되느냐 아니냐와 대학에 자리가 있느냐 없느냐는 관계없어요.

후루이치 될 수 있다면 되고 싶긴 합니다만.

우에노 프로가 되고 싶으면 좋은 논문을 써서 아무도 뒷말하지 못할 업적을 만들면 돼요. 아카데믹 커뮤니티는 상대적으로 공평한 업적 원리가 살아 있으니까 좋은 연구를 하면 반드시 평가하는 사람이 있어요. 그뿐만 아니라 후루이치 씨 세대의 프로 연구자에게는 우리 세대와 사뭇 다른 요청이 있어요. 아카데믹 커뮤니티가 글로벌화하는 것이죠. 더 노골적으로 말하면 영어화입니다.

후루이치 영어를 하지 못하면 연구자가 되지 못한다는 건가요?

우에노 되지 못한다기보다 영어로 수신하고 발신하지 못하는 연구자는 글로벌한 존재 의의가 없다는 것입니다. 꼭 구미 세계와 경쟁하라는 것이 아니라 영어가 세계 공용어니까요. 지금 일본의 경험에 크게 관심을 보이는 것은 아시아 사람들이죠. 저출생도 고령화도 자기들에게 가까운 미래니까요. 예를 들어 개호보험제도 아래에서 쌓은 일본의 경험은 외국으로 발신할 수준에 도달했어요. 그런 일본의 로컬한 정보를 세계에 발신하는 것이 앞으로 일본 연구자의 임무입니다. 앞으로는 글로벌한 학술 네트워크를 일구지 않으면 일류 연구자라고 할 수 없어요.

후루이치 저도 외국에 가는 편이 좋을까요?

우에노 프로 연구자가 되고 싶다면 다른 선택지는 없어요.

후루이치 타이밍은 언제가 좋을까요?

우에노 이르면 이를수록 좋지요.

후루이치 그렇지만 어디로 가야 할지 선택하는 문제도 어렵잖아요.

나라에 따라 학문 수준이 크게 차이 나는 것도 아니고.

우에노 미국 이외의 선택지는 없어요. 미국에 있으면 알아서 여러 나라 사람들이 모이니까. 그곳에서 경쟁해서 글로벌하게 발신하는 실력을 닦는 거예요.

후루이치 일본에 머문다면 분명 유유자적하면서 연구자 생활을 보내겠죠.

우에노 일본 아카데믹 커뮤니티는 지금까지 일본어라는 비관세 장벽으로 보호를 받았지만 글로벌화의 압력을 받으면 그것도 어려워요. 이대로 있다가는 지반이 내려앉을 뿐입니다.

후루이치 글로벌화한 아카데믹 커뮤니티 안에서 살아남을 것인가, 아니면 아카데믹 커뮤니티에서 나가는 편이 나을까.

우에노 커뮤니티에서 나간다면 인기라는 불안정한 것을 자본으로 '문화인 탤런트'라는 소비의 대상으로 살 수밖에 없죠. 새로운 재능을 지닌 이가 나타나면 순식간에 그에게 관심이 옮겨갈 겁니다.

후루이치 시장 원리니까요.

우에노 그래요. 바닥까지 전부 소비되지 않도록 부디 조심해요.

4

**니헤이 노리히로 선생에게
'사회학의 규범'을 묻다**

니헤이 노리히로 仁平典宏

1975년 이바라키 현에서 태어났다. 도쿄대학 대학원 교육학연구과 박사 과정을 수료했다. 일본학술진흥회 특별연구원, 호세이대학 사회학부 준 교수 등을 거쳐 현재 도쿄대학 대학원 교육학연구과 비교교육사회학 강 좌 준교수로 있다. 전문은 사회학이다. 저서로 《볼런티어의 탄생과 종언》 (일본사회학회 11회 장려상 수상, 13회 손보재팬기념재단상 수상), 《헤이세이 사》(공저) 등이 있다.

니헤이 노리히로 선생과 처음 만난 것은 혼다 유키 선생의 세미나에서였다. 박사 논문을 제출한 지 얼마 지나지 않았던 니헤이 선생이 개요를 발표하고 세미나 학생들의 질문에 대답했다. 그 대화를 들으면서 정말 총명한 사람이라고 감탄했던 기억이 있다.

니헤이의 박사 논문은 《볼런티어의 탄생과 종언》이라는 책으로 정리되었다. 오구마 에이지 선생의 저작 못지않게 두껍고 무거운 책이다(3.6센티미터, 913그램). 메이지 시대부터 현대에 이르기까지 볼런티어(volunteer)가 어떤 식으로 언급되었는지를 추적한 책이다.

볼런티어를 둘러싼 논의는 극단적인 형태가 되기 쉽다. '볼런티어는 대단하다' '아니다, 볼런티어는 위선이다' 같은 소박한 논쟁부터 시작해 '원래 국가가 담당해야 할 복지를 볼런티어에게 맡겼다'와 같은 연구자들의 비판도 있다.

최근 들어서는 '예능인이 모금하고 SNS 등을 이용해 공개하는 것은 이름을 파는 행위가 아닌가'라는 논의가 뜨겁다. 니헤이 선생의 책에 따르면 메이지 시대부터 의연금을 두고 위선이라는 비판과 선행은 몰래 해야 진정성이 있다는 논의가 있었다고 한다. 이처럼 볼런티어를 둘러싼 논의는 근대 일본에서 상당수 이루어졌다. 거기에 니헤이의 책은 볼런티어를 어떻게 생각하면 좋을지 보조선을 제시해주었다.

《볼런티어의 탄생과 종언》은 2011년 2월 28일에 출판되었다. 그렇다, 그로부터 열흘 남짓 후에 동일본대지진이 일어났다. 볼런티어의 '종언'을 따질 상황이 아닌 사태가 발생했다. 당시에 니헤이 선생은 트위터에 이런 글을 남겼다.

'지금까지 써온 논의 수준을 아득하게 뛰어넘는 사태에 무력함을 느끼며, 지금 할 수 있는 일을 찾아서 하고 있다.'

실제로 니헤이 선생은 동일본대지진 직후부터 기존 지식을 활용하며 적극적으로 정보를 발신하기 시작했다. 그리고 정기적으로 피해지에 가서 '연구자'로서 3.11을 기록하고 분석해왔다. 또 당시 소속이던 호세이 대학 다마볼런티어센터장으로서 학생들의 활동을 지원했다.

이처럼 니헤이 선생은 연구와 실천을 양립하는 사회학자다. 그렇게 열혈이라는 이미지는 없다. 니헤이 선생에게는 총명함과 진지함이 세트이기 때문일 것이다. 성실이라고 말을 바꿔도 좋은데, 진지하기에 사회학자로서 자신이 말할 수 있는 것과 말할 수 없는 것의 경계를 매우 의식한다.

니헤이 노리히로 × 후루이치 노리토시

사회학의 공통 재산

후루이치 니헤이 선생은 제겐 선배 사회학자지만 이 책에서는 가이누마 히로시, 스즈키 겐스케 다음으로 젊은 1975년생이죠. 그래도 저서를 읽고 다른 사회학자에게 물어본 결과, 니헤이 선생을 절대로 빼면 안 된다고 생각했습니다.

니헤이 그게 후루이치 씨의 영리한 점이죠. 사회학을 공부하는 학생들에게 물어보면 후루이치 씨 화법을 좋아하는 사람도 있고 싫어하는 사람도 있어요. 그래도 이렇게 '사회학 대가는 물론이고 평범한 사람까지 다 갖췄다'고, 메타 수준으로 사회학자들을 다양하게 늘어놓으면 후루이치 씨를 부정적으로 생각하는 학생마저도 수중에 넣을 수 있죠. 그렇다면 이건 후루이치 씨의 브랜드 향상에 기여

하는 기획이군요.(웃음)

후루이치 아니, 아닙니다. 저는 그냥 니헤이 선생의 팬이라고요! 사토 도시키 선생도 말씀하셨는데, 사회학자는 정말 심술궂은 사람인 것 같아요. 이 기획의 의도는 정말 단순합니다. 사회학은 범위가 넓고 연구자에 따라 연구 내용도 전혀 다르니까 여러 사회학자에게 '사회학은 무엇입니까'라고 물어보려고 했을 뿐입니다.

니헤이 사회학의 정의는 사회학자 수만큼 있다고 하니까요. 그래도 대학에서 이루어지는 트레이닝이라는 점에서는 서로 꽤 비슷한 것을 가르치지 않을까요? 그렇다면 방법론 면에서 보는 편이 사회학의 특징이 잘 보인다고 생각합니다.

후루이치 방법론으로 생각했을 때 사회학의 공통점은 무엇인가요?

니헤이 경험적 연구에 관해서 말하자면, 학문적으로 정당화된 방법 절차에 따라 데이터를 수집하고 분석하고 해석하고 함의를 제시한다. 그러고 그 후에 반론을 듣는다. 주제를 불문하고 이것이 공유되는 부분입니다.

후루이치 그래도 방법론을 따른다고 꼭 좋은 연구를 할 수 있는 건 아니죠.

니헤이 으음. 각 방법론에는 사회란 무엇인가, 어떻게 파악해야 하는가에 관한 전제가 포함되어 있고, 좋은 연구라 불리는 것은 그 부분에 자각이나 이해가 깊은 연구겠지요. 방법론에도 종류가 다양한

데, 비교적 공통적인 요소로 최소한 다음 네 가지가 있습니다. 하나는 '남자는 싸우는 생물이다' 같은 본질주의를 택하지 않고 언어적 의미에 따라 사안이 구성된다는 견해, 두 번째로 사안의 의미는 관계성의 망 안에서 정해지고 그 배치는 시대나 집단에 따라 달라진다는 견해, 세 번째는 개인의 행위는 사회적인 요인에 영향을 받음과 동시에 그 개인의 행위에 따라 사회는 차이를 내포한 채로 재생산된다는 견해, 마지막으로 연구자도 사회 외부에 서지 않고 연구나 발신은 재귀적인 프로세스 안에 포함된다는 자각. 이것이 사회학의 공통 재산으로서 '센스'나 '좋은 연구'라고 불리는 토대를 이룬다고 생각합니다.

후루이치 그 네 가지는 사회학 교과서에도 실려 있기도 하죠. 그걸 할 수 있는 사람과 하지 못하는 사람이 있다는 뜻인가요?

니헤이 적절한 훈련을 받고, 진지하게 데이터와 마주하고, 이론과 대화를 나누고, 그러면서 습득해간다고 생각합니다. 그렇지만 얼마나 몸에 익히느냐는 이와는 다른 문제죠. 예를 들어 강의에서는 성별 역할 분업의 신화를 비판하면서 집에 가서는 "나 일하느라 피곤하니까 밥 차려줘"라고 말하는 놈을 보면 실망감은 이루 말할 수 없죠.

사회학은 취약한 거점에서 성립된다

후루이치 과연. 센스를 익히는 훈련을 하면 사회학이 공유하는 플랫폼에 올라탈 수 있다. 그 후에 개개의 연구가 다루는 대상은 제각각이고 폭넓다. 그런데 외부에서 보면 대상이 폭넓다는 데로만 시선이 가니까 사회학자에게 평론가 같은 역할을 쉽게 요구하는 건지도 모르겠어요.

니헤이 오구마 에이지 선생이 사회학자는 사회적으로 '평론가'와 거의 같다고 말씀하셨지요. 그런데 나는 사회학자는 어떤 의미에서 평론가와 가장 멀리 떨어져 있지 않나 싶어요. 예를 들어 'V-22 오스프리*를 어떻게 생각하십니까?'라는 질문을 받았을 때, 시정(市井)의 개인으로서는 당연히 다양한 의견이 있겠지요. 그러나 '사회학자'로서 사회학의 방법적 기준에 기반을 두고서라면, 말할 수 있는 범위는 지극히 한정되지 않을까요. 그와 관련된 주제를 연구하는 사람이라면 모르겠지만요.

후루이치 그건 사회과학 전체에 해당하지 않나요?

니헤이 모두에게 해당하는 말이긴 하지만 경제학자나 법학자는 연

---

* 미국의 최신 수직 이착륙 병력수송기. 2015년 일본 자위대가 이 기종을 구입하기로 결정하면서 자위대의 병력 증강에 대한 우려와 함께, 동아시아에 긴장을 조성한다는 비판을 받았다.

구 대상이 한정적이어서 연구자로서 하는 발신인지, 일반 시민으로서 하는 발언인지 구별이 명쾌하잖아요. 예를 들어 경제학자가 '모모이로클로버Z' 같은 아이돌 그룹을 두고 어떤 발언을 한다면, 그건 경제학자의 분석이 아니라 시민으로서 한 발언임을 명백하게 알 수 있어요. 이와는 다르게 사회학자가 다루는 대상의 범위는 무한정하다 보니까 사회학자가 뭔가를 언급하면, 학문적인 지식이나 기준에 바탕을 둔 것인지 아닌지 형식적으로 판단하기 어렵습니다. 그만큼 다른 사회과학보다도 자신의 말이 의거하는 지식의 수준이 어디에 있는가 자각하고 발언할 필요가 있다고 생각해요. 그 부분이 뒤섞인다면 개인적인 혼잣말인데 거기에 괜한 권위가 부여되고, 어떨 때는 사회학 자체가 엉망진창인 학문으로 여겨질지도 모르기 때문입니다.

나아가 사회학이 그 밖의 학문과 다른 또 한 가지 특징으로, 데이터의 성격에서 기인하는 추시(追試)의 어려움도 있습니다.

후루이치 어떤 연구를 다른 연구자가 그대로 재현할 수 있느냐 없느냐 하는 문제죠.

니헤이 그렇습니다. 경제학이라면 공개된 경제지표를 분석하니까 추시가 가능합니다. 법 조문이나 판례도 누구나 접근할 수 있어요. 실험심리학도 같은 조건에서 실험을 하는 방식으로 다른 연구를 추시할 수 있습니다.

그러나 사회학 필드워크나 인터뷰 조사는 개인정보 보호라는 관점에서 대상을 특정하는 것조차 불가능해요. 당연히 조사 기록도 공개하지 않죠. 마찬가지로 질문지 조사도 각각의 개별 데이터는 공개되지 않으니까 샘플은 적절하게 추출했는지, 데이터는 자의적으로 처리하지 않았는지 보이지 않은 채 남는 부분이 있어요. 그런 의미에서 사회학 연구는 취약한 전제 위에서 성립합니다.

그럼에도 불구하고 학문의 탈을 쓸 수 있는 것은 그 학문 공동체에서 데이터 날조나 자의적인 조작이 허용되지 않고, 연구자도 정당한 절차로 분석하고 있으리라는 사회적 신뢰가 성립될 때뿐입니다. 이렇게 생각하면 사회학자라는 이름으로 평론가에게 요구되는 코멘트를 발언하는 후루이치 씨는 사회학의 신뢰 기반을 취약하게 만들지도 모르는 위험한 존재 같군요.

후루이치 사회학이 사회에서 그렇게 신뢰를 받고 있을까요?

니헤이 사회학자 개개인의 견문이나 사람에 대한 평가라면 몰라도 대학에 학과나 강좌가 있는 이상, 제도 수준에서는 사회적인 신뢰를 전제하고 있다고 봐야겠죠. 그것을 실질화할 수 있는지는 사회학자 개개인에게 달렸지만요.

사회학자를 넘어서는 일선

후루이치 그런데 다른 학문과 비교하면 사회학자를 향한 비판이 너무 많은 것 같습니다. 경제학자가 보기에 사회학자는 뭘 하는지 잘 모르겠죠. 그런데 사회학자는 경제학의 특수 분야에 대해서도 의견을 말하지 않나요?

니헤이 경제와 관련하는 사상을 경제학 이외의 접근법으로 분석하면 보이는 지평이 있다고 봅니다. 막스 베버의 자본주의론이 대표적이죠. 물론 어떤 학문이든 정당한 절차를 무시하고 발신한다면 비판을 받아도 어쩔 수 없겠죠. 그런 점에서 생각하면 후루이치 씨의 책 중에서 내가 읽다가 결정적으로 이상하다고 여긴 것이《우리의 전도》였습니다. 내용은 재미있어요. 그런데 인물이 등장할 때마다 그의 혈액형이 뭔지를 덧붙였던데 그렇게 한 이유가 뭐죠? 보통 사회학 연구에서 샘플인 개인에 부가하는 데이터는 그 사람의 행위나 태도에 어떤 효과를 끼친다는 것을 전제로 하는 변수죠. 설마 혈액형 B형이 사회기업가를 만든다고 생각하나요?

후루이치 그건 제일 쓸모없는 정보를 실은 겁니다.

니헤이 역시 그랬구나. 사회적 요인으로 개인을 설명하려는 사회학적 사고에 대한 비판이나 패러디라고 생각했어요. 그래도 패러디라는 사실을 명시적으로 언급해두지 않으면 그 변수를 어떻게 받아들여야 좋을지 몰라요. 사소한 것이지만 사회학자로서 선을 넘었다는 느낌이었습니다. 독자에 따라서는 본질주의적인 혈액형 신화를 재생산하며 읽을지도 모르니까요.

후루이치 그래도 다양한 신화 중에서 가장 해악이 없는 신화 아닌가요? 심각한 혈액형 차별로 괴로워하는 사람은 딱히 상상하기 어려운데…….

니헤이 음, 혈액형 점을 봤더니 A형과 B형은 상극이라고 해서 사귀던 두 사람이 헤어졌다거나?(웃음) 어쨌든 '후루이치 씨는 혈액형을 진심으로 믿는 거야?'라고 생각하고 멀어지는 독자가 있다 해도 이상하지 않아요. 그러니까 반대로 그런 위험한 모험을 감수하면서까지 혈액형을 굳이 책에 실어서 후루이치 씨가 무엇을 얻었는지 아주 궁금합니다.

후루이치 독자들에게 "혈액형이 있어서 재미있었어요"라는 감상을 들었어요.

니헤이 오호라. 이성 이상으로 감정에 호소해서 독자에게 즐거운 독서 체험을 주었군요. 아마 후루이치 씨에게 논의란, 말하는 내용 이상으로 말하는 형식에 따라 공동성을 조작하고 만드는 유형인 것 같군요. 즉 후루이치 씨의 장난스러운 문체는 딱딱한 언설에 질린 사람들에게서 쉽게 공감을 불러일으켜요. 물론 기존의 언설 공간에 있는 이들로부터는 반발이 있을 줄도 알고 있었겠죠. 그런 문제를 자각하고도 일부러 그런 문체를 고른 것 아닌가요?

후루이치 말투와 문체가 공동성을 만드는 부분은 분명 있다고 생각합니다. 석사 논문을 기초로 삼아 《희망 난민》이라는 책을 냈는데, 원고를 수정하던 중에 문체의 중요성을 깨달았습니다. 내용의 수준은 최대한 떨어뜨리지 않으면서도 독자가 쉽게 받아들일 수 있지 않을까 하고요. 논문과 별개로 일반서는 일단 사회학에 기준한 파트도 갖춰두긴 해야지 하는 정도의 감각으로 씁니다.

니헤이 그렇다면 앞으로 내게 될 책에서는 사회학에 기준한 파트가 어디인지, 그리고 그 기준에 얽매이지 않고 평론가나 엔터테이너로서 쓴 파트가 어디인지 명시한다면 무의미한 비판을 줄일 수 있을 겁니다.

'사회학자'라는 신분을 사용하는 위험성

후루이치 그래도 텔레비전 코멘트는 그렇게 엄밀하게 분리하기 어려워요. 예를 들어 '돌고래 어업'에 관해 의견을 말해달라고 하면…….

니헤이 대중매체에서 후루이치 씨가 하는 역할은, 그냥 하는 말이 아니고 정말로 존경합니다. 후루이치 씨가 발신자로 있어서 다행이라고 생각할 때도 종종 있어요. 사소한 한마디로 위험한 방향으로 기울어진 이야기의 책상을 다시 뒤집어주죠. 본질주의적인 이야기를 하지 않으면서요

후루이치 (그러니, '혼혈은 열화'니 뭐니 하는 발언은 제발 그만둬야겠군요!)[*] 돌고래 어업에 한해서 말하면 "어업은 일본의 전통입니다"라는 소리 말고는 할 말이 없어요.

니헤이 그건 사회학 DNA에서 나온 느낌이군요. 텔레비전 코멘트에서 '지금은 사회학자의 발언이고 지금부터는 일반 시민으로서……'라고 부가 설명할 시간은 없을 테니, 사회학의 방법 기준을 최대한 벗어나지 않게 코멘트하면 되지 않을까요.

후루이치 이번에는 제가 묻고 싶은데요. 니헤이 선생은 연구 이외에도 정력적으로 볼런티어 활동을 하고 계시죠. 학문과 실천적인 활동을 어떻게 나누고 있습니까?

니헤이 사회 활동에는 학문적인 지견(知見)을 사용할 수 있는 부분과 사용하지 못하는 부분이 있지 않을까요. 그래서 이를테면 어느 지자체에서 복지 활동 계획을 수립하는 일에 협력할 때는 괜찮은 결과가 나오도록 내가 지닌 학문 지식을 당연히 사용합니다. 그건

---

[*] 2016년 정월에 버라이어티 방송에서 후루이치 노리토시는 어느 혼혈 탤런트에게 "혼혈은 왜 열화가 빠를까요?"라고 발언해서 크게 비난받았다. '열화(劣化)'는 기계 등이 품질이 떨어지는 현상을 말하는데 사람의 노화를 가리키는 말로 오용되기도 한다.

사회학뿐만 아니라 경제학자나 정치학자 역시 마찬가지일 겁니다.

후루이치 그런 활동이나 운동에 사회학자라는 직함을 사용하는 편이 좋다면 사용하나요?

니헤이 함정이 있는 것 같은 질문이네요.(웃음)

후루이치 함정은 없지만 다들 어떻게 생각하는지 궁금합니다. 오구마 에이지 선생이나 우에노 지즈코 선생은 사회학자라는 직함을 사용하는 데 거리낌이 없다고 했어요. 그런데 지금까지 니헤이 선생의 이야기로는 사회학자라는 직함으로 발신하면 사회학의 신뢰를 잃을 위험성이 있다는 거죠.

니헤이 발신 방법에 따라서 그렇지 않을까요? 그러므로 특히 사회학자로서 발언할 때는 '어떠어떠한 조사에 따르면'이나 '어떠어떠한 이론에 따르면'이라는 형태로, 의거하는 정보를 제시하거나 논리적으로 타당한 범위에서 주장하는 방법 같은 것을 써서 자신의 말에 제약을 걸고서 말하고 싶습니다. 나도 자주 탈선하지만요.

문체가 만드는 공동성

후루이치 사회학적인 규칙이나 절차에 따르느냐 하는 문제와는 완전히 별개로 '사회학'이라는 단어에서 어떤 이미지가 만들어지고,

때에 따라서 그에 맞지 않는다고 비판을 받습니다. 저는 '사회학자
는 약자 편을 드는 사람이잖아? 그런데 당신은 상식에서 벗어나는
짓만 하고 약자의 시점에 서지 않아'라는 비판을 자주 받습니다.

니헤이 아마 그 반대의 비판도 있을 겁니다. 사회학을 하는 사람이
과도하게 약자 편에 서서는 안 된다고요. 그런데 참 재미있는 이야
기예요. 사회학과 가치의 관계에서는 열심히 운동을 하는 사람에
게 냉수를 끼얹었다는 이미지, 반대로 편을 든다는 이미지라는 양
극단이 공존한다는 소리니까요. 아마 양쪽 이미지에 다 근거가 있
을 겁니다. 사회학은 사회 내외에 존재하는 다양한 집단의 의미 세
계를 횡단하며 관찰해가니까, 이른바 상식과 다른 관점을 제시하기
쉬워요.

사회학자 이치노카와 야스타카(市野川容孝) 선생이 밝혔듯이 애초
에 사회학에서 말하는 '사회'라는 개념 자체에 평등으로의 참여라
는 의미도 있습니다. 그렇기에 후루이치 씨가 받는 비판도 어느 정
도 인정할 수밖에 없어요. 단 후루이치 씨가 그런 비판을 받는 것은
사회운동이나 시위에 냉수를 끼얹어온 측면도 있기 때문이지 않을
까요?

후루이치 사실 예전에는 운동이나 시위만으로 끝나도 괜찮은지에
위화감을 많이 느꼈어요. 그래도 요즘은 생각이 조금 달라졌습니
다. 총리 관저 앞에서 시위할 때 어느 관료가 "매주 시위대가 오다

니" 하고 충격을 받았다는 것을 알았죠. 그 덕분에 직접행동은 어떤 영향을 만들어내기도 한다고 깨달았어요.

니헤이 최근 직접행동의 힘을 휘두르는 것은 좌파 이상으로 우파인 것 같아요. 종군위안부 세미나를 여는 공민관에 불만 민원전화를 불이 나도록 걸어대고 시위를 벌이기도 해요. 그 결과로 행사가 여러 차례 중단됐죠. 혹은 재특회* 같은 활동을 우익이 펼치고 있어요. 그러면 그전까지 가장 극단적인 우익이었던 운동이나 활동조차도 온당한 우익이나 중도쯤에 위치하게 되죠. 이것도 일종의 시위 효과입니다.

후루이치 그렇지만 우파든 좌파든 아무리 봐도 효과가 없는 촌스러운 활동이나 운동도 있잖아요.

니헤이 그 촌스러움은 명문대 출신에 도쿄걸즈컬렉션**을 즐기는 후루이치 씨 입장에서 본 촌스러움이죠? 그러나 관계론적으로 보면 절대적인 촌스러움은 존재하지 않습니다. 사회학자라면 스타일의 의미나 합리성을 내부에서 관찰했으면 좋겠어요. 후루이치 씨는 현명하니까 상대방을 상대화하기 위해서, 자신의 준거집단이 어떤 위치인지 이해하고 일부러 집단의 입장에 선 발언을 효과적으로 할

---

* 재일조선인의 특권을 용납하지 않는 시민 모임.
** 일본 최대 규모의 패션 행사.

수 있죠. 그것이 압도적으로 기능하는 면이 있지 않나요?

후루이치 그렇지만 촌스러움은 속성이라기보다 상태이지 않나요? 그러므로 여러모로 달라지게 할 수 있다고 생각합니다.

니헤이 그렇게 생각한다면 헌법 9조 운동*을 세련되게 프로듀스해 보세요. 다만 촌스러움이 아무리 상태라 하더라도 그 촌스러운 상태에 있는 운동이 어떤 문맥에 따라 나왔는지, 다른 어떤 가능한 조건이 있어서 그 운동이 선택되었는지를 살펴보지 않으면 그렇게 간단히 말할 수 없어요.

후루이치 그 말씀이 맞네요.

니헤이 그렇다면 후루이치 씨가 지금까지 공격한 많은 것이 사실 공격하지 않아도 괜찮았을 것인지도 모릅니다. 사회학자에게 요구되는 상대성 감각이라는 것은 "시위는 불쾌해"라고 말하는 사람에게 "이런 문맥에서 보면 그렇지만은 않아요"라는 리얼리티를 제시해주는 것이라고 생각합니다.

후루이치 저는 같은 일을 거꾸로 하려고 했습니다. 예를 들어 "기업가는 돈을 벌려고 하는 거잖아요?"라고 말하는 사람에게 "아니오, 사회적 기업가도 있어요"라고 말하는 식으로요.

---

* 국가 간 분쟁을 해결하려는 수단으로서 국가의 교전권을 인정하지 않고 군대를 보유하지 않는다, 즉 전쟁을 하지 않는다는 헌법 조항. 일명 '평화헌법'이라고 불린다. 일본 내 우익들은 이 조항을 수정하거나 무력화하려고 시도하고 있고, 시민들은 이에 반대하는 활동을 벌이고 있다.

니헤이 노리히로 × 후루이치 노리토시

니헤이 그건 중요하죠. 그렇지만 역시 후루이치 씨의 문체가 만드는 공동성이 있어요. 즉 자신에게 기분 좋은 공동성과 문체의 연결이 너무 굳건해서 그와 다른 방향에서 상식을 벗어나려고 하면 문체가 과도하게 날카로워집니다. 그러니까 그 날카로움을 의도적으로 자신의 공동체로 향하게 한다면, 후루이치 씨 말에 좀 더 많은 사람이 귀를 기울일 것이고, 그런 의미에서 좀 더 공동성에 열린 문체가 될 것입니다. 이렇게 하면 후루이치 씨가 사회학자로서나 평론가로서가 아닌 형태로 일의 폭을 넓혀갈 수 있을 것 같아요.

볼런티어 연구를 시작한 동기

후루이치 니헤이 선생은 《볼런티어의 탄생과 종언》만 봐도 균형이 아주 잘 잡힌 것 같아요. 하나의 입장에 가담하는 것이 아니라 거리를 두고 글을 쓰시죠.

니헤이 한 가지 이상의 대상을 조사하다 보면 각각 다 합리성이 있거든요. 그걸 숙지한 상태에서 우에노 지즈코 선생처럼 한쪽 입장에 참여하는 선택지도 있겠지만, 내 연구는 볼런티어에 참여하는 것보다 볼런티어를 둘러싼 과도한 정념 자체를 분석하고 싶은 의도가 있어서 복수의 합리성을 그대로 기술하는 형태를 취했습니다.

그것이 결과적으로 균형이 잡힌 것처럼 보였는지도 모르겠군요.

후루이치 그런데 참여할 대상이 아니라고 하시면서 꽤 오랜 시간을 들여서 다양한 볼런티어 활동을 하면서 연구를 계속하셨잖아요? 그런 동기는 어디에서 왔나요?

니헤이 으음, 나는 원래 운동이나 사회 변혁에 거부감을 느꼈어요. 대학생 때는 디스코텍(웃음)을 빌려서 이벤트를 여는 동아리 활동을 하느라 여념이 없었고, 시골내기의 도쿄 과잉 적응기 같은 나날이었어요.

후루이치 니헤이 선생에게도 그런 시절이!

니헤이 그런 내게 청춘을 투자해 볼런티어를 하는 사람은 가장 이해할 수 없는 존재였어요. 보고 있으면 속이 부글부글 끓을 지경이었으니까요. 게다가 내가 대학에 다니던 1995년은 볼런티어 원년이라고도 불려서, 사회적으로도 기대를 받았죠. 그래도 그런 기류에 편승하는 것에 위화감이 있었습니다. 대체 볼런티어란 무엇일까, 이것을 파고들면 현대 사회를 포착하는 실마리가 잡히지 않을까? 그래서 사회를 바꾸고 싶다는 욕망보다는 나 자신의 떨떠름함을 해소하면서 사회를 기술하겠다는 샤먼적인 욕망에서 시작한 연구입니다.

후루이치 원래 샤먼적인 욕망이 강했나요?

니헤이 나는 오사와 마사치 선생이나 미야다이 신지 선생을 동경해서 사회학 공부를 시작한 사람이라서, 당연히 거대한 것을 말하고 싶다는 욕망이 있습니다.

하지만 거대한 명제가 있더라도 일본 사회 안에서 그것이 타당한 부분이 있다면 타당하지 않은 부분도 있으니까, 세밀하게 살피면 살필수록 거대한 이야기를 하기 어려워집니다. 이를 반대로 말하면 초라한 분석을 채워넣으려고 커다란 틀을 적용하면 시시한 연구가 되고 말지요. 그렇기에 거대한 이야기를 하려면 그에 어울리는 연구의 양과 깊이가 필요하다고 생각하는데, 나는 아직 그만 한 수준을 갖추지 못했으니까 거대한 이야기를 하지 않는 것입니다.

후루이치 지금 사회학 연구는 매우 세분화되었잖아요? 그렇다 보니 샤먼이 되는 것은 어렵지 않을까요?

니헤이 초일류 샤먼은 필요하지만 이류 샤먼처럼 불쌍한 존재가 없지요. 그러느니 중범위한 전문가가 훨씬 유익해요. 단 일찍이 사회학은 샤먼이 되려는 욕망이 있었기에 개별 연구 중에도 재미있는 것이 나온 측면이 있어요. 그러나 나를 포함해 요즘 젊은 학자는 어떻게든 업적을 내야 하는 연구 환경에 몰려 있으니까 아무래도 단기간에 풀어낼 수 있는 의문에 자신을 맡기려고 들죠. 그로 인해서 잃는 것이 상당할 것 같습니다.

젊은 연구자가 살아갈 길

후루이치 니헤이 선생 정도의 세대부터 계량적인 스킬을 제대로 익히고 박사 학위를 딴 사회학자가 늘었죠. 연구 환경이 변화했기 때문일까요?

니헤이 그렇습니다. 거대 이론이 쇠퇴함에 따라 구체적인 사안을 대상으로 하는 경험적 연구가 증가했고, 당연히 조사하고 분석하는 스킬의 중요성이 늘어났습니다. 그리고 사회학계로서도 계량적인 스킬을 갖춘 사회조사원 같은 인재를 육성하면 사회적인 의의를 내세우기 쉽기도 했고요. 또 대학이 생존 경쟁에 들어서면서 지역 사회에 공헌해야 한다는 현실적인 요구가 생겨나기도 했어요. 그때 지역에서 조사와 활동을 할 수 있는 사람의 수요가 상당했죠. 그런 외부 환경의 변화 때문에 방법론의 스킬을 향상하라는 요구가 늘어난 측면이 있습니다.

후루이치 박사 학위를 따는 의미도 달라지지 않았나요?

니헤이 달라졌습니다. 예전에 인문계의 박사 논문은 대가라 불리는 선생이 평생에 걸쳐 쓰는 것이라는 이미지가 있었는데 이제는 취직을 위한 면허증 같은 것으로 인식됩니다. 대학원 확충 정책 때문에 연구직 일자리 수에 비해 대학원생이 늘어난 것이 큰 원인이겠죠. 내가 대학원에 입학했을 때는 그나마 한산하던 때라, 선배한테 동료평가 논문을 하나 쓰고 대학 간행물에 대충 아무 글이나 쓰면 취직할 수 있다는 소리를 들었어요. 당연히 거짓말이었지만.(웃음) 나처럼 평범한 인간은 오로지 논문을 써서 박사 학위를 따지 않으면 취직하지 못한다는 압박감이 있었죠.

후루이치 평범하지 않은 사람은요?

니헤이 평범한지 아닌지와 별개로, 내 세대부터 취직이 어려워져서 일찌감치 매체로 나가려는 전략을 쓰는 사람도 꽤 늘어났습니다. 더 나중 세대인 후루이치 씨나 가이누마 히로시 씨는 우리 세대보다 발신력이 훨씬 더 높아진 것 같은데, 비슷한 구조이기에 매체에 나가는 것 아닌가요?

후루이치 저는 오로지 연구자로 사는 길을 단 한번도 생각해본 적이 없습니다. 아이가 확연하게 줄어든 시대에 특정 대학에 들어가 평생 교원으로 살아가는 커리어를 실감하지 못해요. 좋아하는 연구를 계속하고 싶어서 의도적으로 지금 같은 형태를 선택했습니다.

니헤이 시장이 작아진 상황에서 합리적인 선택을 한 거군요.

후루이치 그렇습니다. 대학에 소속되어 일생을 보내는 길은 전업주부나 정규직 사원처럼 특수한 시대 상황에서나 가능했다고 생각해요. 사회학을 공부하다 보니 그 길을 가면 된다고 순순히 믿을 수 없었어요. 그래서 지금 대학에서 자리를 얻은 니헤이 선생 같은 분이 대단해 보이는데, 업무나 회의가 장난이 아니라면서요?

니헤이 어느 대학이나 마찬가지겠지만 정말 장난이 아닙니다.(웃음) 그리고 학생을 키우는 것도요.

후루이치 그런데도 니헤이 선생은 논문도 많이 쓰시니까 행동력이 정말 대단한 것 같아요. 반면에 시간이 남고도 남았을 대학원 시절에도 논문을 좀처럼 쓰지 않는 사람도 상당수 보이는데, 그래도 되는 건지 위화감을 느껴요.

니헤이 연구 내용에 따라 다르기도 합니다. 이론 지향이 강하면 충분히 생각할 시간이 필요하니까 쉽게 양산할 수 없지요. 반대로 끊임없이 조사해서 성과를 많이 내는 사람도 있어요. 둘 중 어느 한쪽이 낫다는 이야기는 아닌데, 거대한 이론을 쓰려는 사람은 쉽게 쓰지 못합니다.

후루이치 니헤이 선생도 언젠가는 스스로 거대 이론을 구축하고 싶으신가요?

니헤이 너무 부담스러운 일이지만, 일반 이론을 목표로 하는 것을 무의미하다고 단순하게 말하고 싶진 않습니다. 구축하려는 시도와 부정하려는 시도, 그 격렬한 전투 속에서 사회학 이론이 진보해온 측면이 있으니까요. 한편으론 지금 같은 시국에 연구자를 대상으로 한 논문과 책만 써서 될까 싶은 생각도 들어요. 사회학 지견이나 기준을 바탕으로 더 적극적으로 사회에 개입해야 해요. 그러기 위한 방법론은 후루이치 씨의 경험에서 많이 배워야 한다고 생각합니다.

5

미야다이 신지 선생에게
'사회학의 쇠퇴'를 묻다

미야다이 신지 宮台眞司

1959년 미야기 현에서 태어났다. 도쿄대학 대학원 사회학연구과 박사 과
정을 수료했다. 현재 슈토대학도쿄의 교수다. 저서로 《교복 소녀들의 선
택》《환상의 교외》《원조 교제에서 천황으로》《끝나지 않는 일상을 살아
라》《14세부터 사회학》《미야다이 교수의 취업 활동 원론》《일본의 난
점》이 있고, 공저로 《증보 서브컬처 신화 해체》《도발하는 지식》《우민사
회》 등 다수가 있다.

오랜 세월, 일본에서 사회학에 흥미를 느낀다는 것은 '미야다이 신지'를 읽는 것을 의미했다. 내 세대 역시 그랬다. 사회학과 그 주변 영역에 흥미를 느낀 학생들은 반드시 미야다이 신지 선생의 책을 읽었고 그에게 상당한 존경심을 품었다.

미야다이 신지 선생의 첫 저서는 학위 논문이기도 한 《권력의 예기 이론》이다. 그가 서른 살 때 쓴 책이다. 사회학에서 박사 학위를 따기 어려웠던 시대, 미야다이 선생은 장래가 기대되는 이론사회학의 수재였다.

그런데 그는 '평범한' 학자가 되지 않았다. 이론사회학으로 박사 학위를 받았음에도 불구하고 열혈 필드워커로 명성을 날렸다. 그것도 단순한 필드워커가 아니었다. 그의 필드는 성애(性愛)이고 길거리였다. 훗날 그는 이렇게 회상했다. "30대의 나는 금발에 파란 콘택트렌즈를 끼고 여자를 낚으러 다녀서 사람들이 나를 '헌팅 사이보그'라고 불렀습니다."

물론 그가 헌팅만 하고 다닌 것은 아니다. 원조교제, 도쿄 지하철 사린 테러 사건,* 고베 아동 연쇄살인 사건** 등 90년대를 떠들썩하게 한 사건에 적극적으로 발언하고 사회에 항의하는 사회학자가 되었다.

그 후 미야다이 선생에게는 몇 차례 변화가 있었다. 일본의 '천황'이나 '아시아주의'를 두고 열심히 발언한 시기, 아이들이나 청년들을 대상으로

---

* 1995년 3월 20일, 출근 시간을 노려 도쿄 지하철에 사린가스를 뿌린 옴진리교의 테러 사건.
** 1997년, 14세 중학생이 아동을 노리고 벌인 연쇄 살인 사건. 범인은 신문사에 편지를 보내 경찰과 언론을 조롱하는 대담한 행동을 보였다.

적극적으로 계몽한 시기, 동일본대지진과 원전 사고에 관여한 시기다.

이처럼 그는 시대와 함께 자신의 흥미와 관심, 표현 방법을 바꿨다. 그러나 미야다이라는 존재의 뿌리는 굉장히 '90년대적'이다. 거품 붕괴 후에도 이어진 소란스러움, 세기말 특유의 폐쇄감 없이 뒤섞인 그 시대는 미야다이 스타일과 아주 잘 어울렸다.

평론가 나카모리 아키오(中森明夫)는 《교복 소녀들의 선택》 문고판에 기고한 해설에서, '시대 한가운데에서 이렇게 명석한 이론을 제시한 사람은 미야다이 신지 한 명뿐이다'라고 평했다. 이 책은 1994년에 출판되었다. 나카모리의 말처럼 이 책을 읽으면 90년대는 어떤 시대였는가를 명료하게 파악할 수 있다(참고로 미야다이 신지가 어떤 인물인지 알고 싶다면 나카모리의 해설을 읽으면 된다).

음악가 고무로 데쓰야(小室哲哉)와 대담했을 때 나는 "90년대 그다음의 음악을 들려주세요"라고 부탁했다. 마찬가지로 미야다이 신지 선생에게 '90년대 그다음'을 묘사하는 본격적인 작품을 기다리는 독자가 많을 것이다. 어쩌면 내가 그에게 '90년대'를 지나치게 투영하고 있는 것일까?

미야다이 신지 × 후루이치 노리토시

반계몽주의로서 사회학

후루이치 이 책에서는 매번 '도대체 사회학은 무엇입니까'라는 질문으로 시작합니다. 같은 질문으로 시작하려고 합니다. '사회학은 무엇입니까'라는 질문을 받으면 어떻게 대답하시나요?

미야다이 가장 간략한 대답은 '우리의 커뮤니케이션을 채운 비자연적인, 자연적이지 않은 전제의 총체를 연구하는 학문'이라고 하겠습니다. '태양은 동쪽에서 뜬다' '중력이 존재한다' 같은 자연적인 전제는 사회학의 대상이 되지 않습니다. 사회학의 대상은 국적이어도 좋고 권력이어도 좋은데, 어디까지나 자연적이지 않은 것들이 대상입니다.

후루이치 조금 더 긴 대답도 있나요?

미야다이 있습니다. 18세기 말에 프랑스혁명이 일어나고 그 후 약 130년간에 걸쳐 '계몽사상'은 의도치 않게 종말을 맞이하는 것으로 전개되었습니다. 극단적으로 말해 18세기의 계몽사상 시대가 끝나고 반계몽사상의 시대가 왔습니다. 제일 처음 나온 것은 에드먼드 버크(Edmund Burke)의 보수주의, 다음으로 나온 것이 미하일 바쿠닌(Mikhail Bakunin)과 표트르 크로포트킨(Pyotr Kropotkin)의 무정부주의, 다음이 카를 마르크스와 프리드리히 엥겔스의 공산주의 그리고 맨 마지막이 뒤르켐의 사회학주의⋯⋯, 이런 식으로 처음부터 시작하는 것이 긴 설명입니다.(웃음)

후루이치 사회학은 반계몽사상의 역사라고 볼 수 있다는 뜻인가요?

미야다이 그렇습니다. 그렇기에 사회학적인 사고는 '이성적인 인간이 억압 없는 상황에서 합의하면 올바른 사회가 만들어진다'라는 계몽주의의 발상을 철저하게 부정합니다. 이것은 보수주의나 무정부주의와 공유하는 전제죠. 보수주의는 인간의 이성은 용량에 한계가 있으므로 일정 수준 이상으로 사회가 복잡해지면 전체를 설계하지 못한다고 생각합니다. 무정부주의는 국가를 부정하는 중간집단주의로, 공동체 단위가 작지 않으면 핸들링하지 못한다고 생각합니다. 사회학은 국가를 부정하지 않는 중간집단주의이므로 국가를 보는 자세는 무정부주의와 다르지만, 중간집단주의라는 점에서는 같아요. 단 마르크스주의는 이질적이어서 사회학과 그 어떤 주의도 공유하지 않습니다.

후루이치 그런데 일본의 사회학자는 마르크스주의의 영향을 받은 사람도 많지 않나요?

미야다이 많다고 봅니다. 그래서 나처럼 "마르크스주의자는 바보다" 같은 소리를 하는 대학원생은 튀어나온 못이었습니다.(웃음)

레비스트로스가 공통의 고전이었다

후루이치 우에노 지즈코 선생과 대담했을 때, 우에노 선생 세대에는 마르크스주의나 구조기능주의처럼 쓰러뜨려야 할 거대 이론이 명확하게 있었다는 말을 들었습니다. 우에노 선생보다 한 세대 뒤인 미야다이 선생이 대학원생일 때도 그런 감각을 공유하셨나요?

미야다이 공유하긴 했지만 우에노 선생 때와는 자세가 약간 달랐습니다. 우에노 세대가 대학원생일 때는 마르크스주의에 대한 공감이 있었죠. 그러나 그 한계가 보이기 시작하면서 마르크스주의를 극복해야 한다는 방향으로 문제의식이 차차 변했습니다. 그런데 나나 오사와 마사치 세대는 1980년대에 대학원생이 됐으니까 마르크스주의를 어떻게 해독해야 하는가, 이 과제는 이미 전제로서 공유했습니다.

후루이치 마르크스주의를 해독하기 위해서 당시 사회학 대학원생이 공통으로 읽어야 했던 책이나 사상가가 있었나요?

미야다이 누가 뭐래도 클로드 레비스트로스(Claude Lévi-Strauss)의 구조주의죠. 당시 도쿄대학 사회학에서는 하시즈메 다이사부로가 구조주의에 깊이 참여했기에 구조주의의 영향력도 컸습니다. 그중에서도 《친족의 기본 구조(Les Structures élémentaires de la Parenté)》(1949)가 널리 읽힌 고전입니다.

후루이치 레비스트로스는 문화인류학자인데요, 어째서 당시 사회학은 레비스트로스에 매료되었을까요?

미야다이 전후부터 1960년대까지, 인문사회 계열 사상의 특징은 '아무도 모르는 것'에 주목하는 것이었습니다. 예를 들면 우리 이성이 이성 이전의 구조로 규정되어 있는가, 이런 것은 실로 '아무도 모르는 것'이죠. 그 전형이 레비스트로스의 구조주의입니다. 레비스트로스의 《친족의 기본 구조》는 다종다양하게 보이는 친족의 규칙도 수학 군론을 이용해 기술하면 오직 한 가지 구도의 변형이라는 결론을 도출할 수 있음을 보여줬습니다. 요컨대 자의적이라고 여겨진 문화가 사실은 우리 의식을 뛰어넘는 구조의 영향에 따라 방향이 정해졌다고 밝혀낸 것이지요.

언어철학자 놈 촘스키(Noam Chomsky)가 고안한 변형생성문법도 마찬가지 발상입니다. 우리 머릿속에 보편문법이라는 장치가 내장되어 있고, 그것이 다양한 변형을 만들어낸다는 이론입니다. 정신분석 방면에서는 자크 라캉(Jacques Lacan)이 '무의식은 언어에 따라 구조화된다'라고 말했죠.

우리 이성의 외부에 이성을 방향 짓는, 있을 것 같지 않은 플랫폼이 있다, 우리 세대부터 하시즈메 다이사부로 세대 정도까지 많은 사회학자가 이런 발상에 매력을 느꼈습니다.

후루이치 그 매력의 원천은 이론 자체가 신선했기 때문인가요? 아니면 그 이론이 세계를 전부 설명해준다는 보편성에 매력을 느낀 건가요?

미야다이 양쪽 다입니다. 신선하기도 했고 우리 이성이 무언가를 구축한다는 계몽주의적인 발상 외부에 일반 이론을 만들 수 있을 것이라는 감각도 있었죠.

일반 이론을 만들려고 한 마지막 세대

후루이치 그렇게 공부한 미야다이 선생은 새로운 일반 이론을 만들려고 하셨나요?

미야다이 그렇습니다. 그러나 세대의 흐름으로 보면 나나 오사와 마사치 씨는 늦었어요. 내가 박사 논문인《권력의 예기 이론》을 1989년에 출판했을 때, 앞 세대 사람들은 '이제 와서 이런 게 나오다니?' 하고 많이들 놀랐죠. 80년대 말이라는 단계에서 여전히 일반 이론에 이리도 집착하는 대학원생이 있는 것이 아마 연장자들에게는 뜻밖이었을 겁니다.

후루이치 80년대 말에도 일반 이론 연구는 '이제 와서?'라는 느낌이었군요?

미야다이 그래요. 우리 세대 중에 일반 이론을 만들려고 한 것은 나나 오사와 씨 정도였고, 아마 우리가 마지막 세대일 겁니다. 다음 세대에서는 그런 사람이 한 명도 없어요.

후루이치 미야다이 선생도 종종 기고하셨던 사회학 학술잡지 《소시오로고스》 과월호가 마침 도쿄대학 고마바 캠퍼스 대학원생실에 있었어요. 80년대 것인데, 훑어보면서 대단한 열기를 느꼈습니다. 원생들이 절차탁마해서 불타오르는 정열을 품고 문장을 썼다는 것이 강렬하게 전해졌어요. 미야다이 선생은 무엇에 자극을 받아 일반 이론을 만들려고 하셨나요?

미야다이 일반적인 이야기를 먼저 하자면, 인문사회계뿐만 아니라 영화나 연극 같은 표현 일반에서 열기나 생산성이 1960년대, 70년대에 걸쳐서 매우 높았다고 생각합니다. 그 배경에는 두 가지 좌절이 있어요.

하나는 부유해졌다는 데서 오는 좌절입니다. 부유해져서 중산계급이 팽창하면 모두 행복해질 줄 알았는데 기대대로 되지 않았다, 이럴 리가 없다 하는 실망 탓에 절망하는 감각이 있었습니다. 그리고 1960년대 후반에 일어난 학원 분쟁 또한 1969년 단계에서 좌절했죠. 학원 분쟁도 '여기가 아닌 어딘가'를 동경했는데 이 역시 기대에서 벗어나고 말았다는 분위기가 만연했습니다. 이것이 두 번째 좌절입니다.

60년대, 70년대에는 결과적으로 좌절을 느낄 정도로, 행복해지는 것이나 대안적으로 사는 것에 대한 기대가 강렬했어요. 그 강한 의지와 욕망이 표현이나 학문적이라는 행위로 나타났다고 봅니다. 80년대가 되자 그런 것이 순식간에 흐릿해졌어요. 나는 60년대, 70년대의 과잉 욕구를 붙들고 있었고, 그런 욕구가 일반 이론에 참여하는 것으로 나타났습니다.

일반 이론 구축에서 방향을 전환한 이유

후루이치 그런데 그 후의 미야다이 선생은 일반 이론 구축이 아니라 오히려 필드워크에 몰입하신 것처럼 보입니다.

미야다이 《권력의 예기 이론》처럼 수리적인 논의에서 제대로 토론할 상대가 좀처럼 없었습니다. 그 논문은 권력을 긍정했으니까 책으로 출판하면 절대 가만두지 않겠다는 소리를 마르크스주의자들에게서 들었죠. 그런데 책을 내고 났더니 그런 사람들에게서는 어떤 반론이나 비판도 들어오지 않았어요. 그 외에 나온 반응이라곤 세부적인 게임 이론의 전개를 파고드는 '이론 오타쿠' 같은 것뿐이었죠.

후루이치 미야다이 선생은 딱히 수리 오타쿠로서 박사 논문을 쓴 게 아닌데 말이에요.

미야다이 그러니까요. 언어가 그렇듯이 수리적인 논리를 어쩔 수 없이 사용한다는 정도의 의식이었는데, 핵심에서 벗어난 반응만 돌아오지 뭡니까. 이래서야 생산적이지 못하니 일단 이 노선을 보류하고 이번에는 서브컬처를 연구해보려고 했지요.

후루이치 일본 사회학의 수준이 낮다고 생각하셨겠어요.

미야다이 일본만 그런 게 아니에요. 앵글로색슨도 사회학의 신뢰가 땅에 떨어진 상황이라서, 사회학자가 단순한 시장조사원과 다를 바 없으니까요.

후루이치 그런 상황에 분노를 느끼셨나요?

미야다이 느꼈지요. 개별 연구자에게 그렇게 느꼈다기보다, 아까도 말했듯이 80, 90년대에는 표현 전반이 힘을 잃어가는 느낌이 있었거든요. 내가 필드워크에 나서고, 그전 단계로 여자를 꾀러 나간 것도 표현이 힘을 잃어가는 상황에서 발버둥 치려는 의식이 강했기 때문입니다. '철학이나 사회학을 말하라고 해도, 사회에 대해서 아무것도 모르잖아'라면서요.

후루이치 사회학은 물론이고 인문사회계 학문 전반이 힘을 잃어간다는 감각을 느끼셨나요?

미야다이 정말 그랬습니다. 우리 세대는 논단 잡지를 읽었어요. 왜냐하면 1970년까지는 정치학, 법학, 경제학에서도 학계의 제일선에 선 사람이 논단지에 기고했으니까 수준이 아주 높았거든요. 그런데 80년대에 들어서니 무서울 정도로 빠르게 수준이 떨어졌어요. 논단도 사회학도 마찬가지로 퇴락했습니다.

사회학이 성립하는 토대가 무너졌다

후루이치 현재 사회학은 80, 90년대와 비교해도, 더 세분화한 분야를 대상으로 연구하는 사람이 늘어난 것 같습니다. 그런 상황을 어떻게 보십니까?

미야다이 중요한 사태기는 하지만 내가 무슨 말을 한다고 어떻게 되는 것도 아니니까요. 죽을 때까지 그렇게 하면 되지 않나 싶어요. 그런데 일본의 사회학은 생각해야 할 과제의 우선순위에 결정적으로 둔감합니다. 예를 들어 '싱귤래리티(singularity) 문제'라는 것이 있습니다. 이 싱귤래리티, 즉 기술적 특이점은 인공지능이 인간을 뛰어넘는 날을 말합니다. 무어 법칙*을 바탕으로 계산하면 2045년에는 특이점이 닥친다는 예측이 있습니다.

이 싱귤래리티 문제가 가리키는 것은, 정의나 차별 등을 논의하는 데 토양이 되는 '인간이란 무엇인가'라는 합의가 일제히 흔들린다는 것입니다. 그럴 때 '같은 일본인인데도 공정한 취급을 받지 못한다' 같은 문제 설정은 아예 흐지부지 사라지게 될지도 몰라요. 그렇다면 공정·공평을 문제로 삼는 의욕적인 사회학자라면, 그와 관련한 더없이 중대한 문제가 앞으로 일어나리라 예측될 때 반응을 보여야 합니다. 사회학 이외의 분야로 시선을 주면 수많은 사람이 반응을 보입니다.

후루이치 왜 사회학의 반응은 둔할까요?

미야다이 사회학은 국민국가의 중산계급이 지닌 자의식을 연구 토대로 삼는 부분이 있어요. 그러나 90년대에 냉전이 끝나고 글로벌 자본주의가 진행되자, 어느 선진국이든 국내의 격차는 벌어지고 중간층이 분해되었죠. 중간층이 분해되면 국민국가로서 연대의식도 사라져서 민주제 자체가 기능을 하지 못합니다. 이미 자본주의와 민주주의가 양립하지 못하게 된 것입니다.

---

*   마이크로칩의 밀도가 18개월마다 두 배로 늘어나는 법칙.

후루이치 사회학을 성립하는 토대가 무너진 거군요.

미야다이 그렇습니다. 이전에는 정치학이 한동안 사회학에 짓눌렸는데 국민국가라는 전제가 무너진 2000년대가 되자 반대로 정치학이 숨을 쉬기 시작합니다. 즉 정치학이 사회학보다 유효하게 문제를 설정할 수 있게 되었어요.

후루이치 앞으로 사회학은 어떻게 하면 좋을까요?

미야다이 '사회학'이라는 간판에 집착하고 싶다면 '전체성'을 보아야 합니다. 먼저 정치학은 왜 융성하고 사회학은 왜 침체하는지 자기분석을 해야 하죠. 그러지 못한다면 사회학이 존속하는 의미가 없어요.

후루이치 미야다이 선생 본인은 지금도 사회학자로서 사회학을 한다는 의식이 강한가요? 아니면 이미 다른 토양으로 옮겨갔다고 인식하나요?

미야다이 나는 전통적인 사회학의 흐름 위에 있다고 의식하고 있습니다. 처음에도 말했듯이 비자연적인 커뮤니케이션의 전제를 밝히고 싶어요. 나에게는 그런 지향성이 오히려 점점 더 강해집니다.

사회학만큼 '지혜를 주지 않는' 것은 없다

후루이치 최근 재미있다고 생각한 사회학 연구가 있을까요?

미야다이 없습니다.(웃음) 정치학이 훨씬 재미있어요.

후루이치 앞으로 사회학을 배우고자 하는 사람에게 해주실 조언이 있나요?

미야다이 요즘의 학생들과 만나면서 느끼는 것이, 앞 세대와 비교해 다방면에서 경험치가 낮다는 점입니다. 글로벌화라고 시끄럽게 떠들어대는데 외국으로 공부하러 가는 유학생이 줄었어요. 성애적인 경험도 빈약해졌죠. 의식 있는 사람들이 회사를 세우는 붐은 있는데, 비슷비슷한 사람들끼리 까부는 것 같아요. 80년대 후반쯤에는 논픽션 작가 사와키 고타로(沢木耕太郎)의 《나는 아직 도착하지 않았다》를 읽고 동남아시아나 남아시아로 나가는 배낭여행자가 많았어요. 당시 여행 가이드북인 《지구를 걷는 법》은 여행 수기 저장소나 마찬가지여서 '카오산로드에 가지 마라, 험한 꼴을 당한다' 같은 내용이 적혀 있었어요. 그걸 읽고도 다들 가죠.(웃음)

그런데 요즘 나오는 《지구를 걷는 법》에는 그런 수기가 거의 없습니다. 왜 우리 시대에 배낭여행자가 많았는가 하면, 다들 험한 꼴을 당하러 가고 싶어 했거든요. 내가 필드워크를 했을 때도 그랬습니다.

후루이치 험한 꼴을 당하러 일부러 가나요?

미야다이 신지 × 후루이치 노리토시

미야다이 '나는 쓰레기 같은 형편없는 존재다', 이런 사실을 깨달으러 가는 식이었어요. 의미도 없고 고집을 부리는 것처럼 보였을지도 모르는데 지금은 그런 학생이 좀체 없어요. 역시 선진 각국에서 사회가 돌아가지 않으면 여행도 연애도 기업을 선택하는 것도 안전한 패를 고르려고 하게 됩니다.

후루이치 그렇게 안전한 패를 노리는 사람에게 사회학이 도움이 될까요?

미야다이 전혀 도움이 되지 않습니다. 사회학만큼이나 우리에게 지혜를 주지 않는 것도 없으니까요.

후루이치 사회학이 지혜를 주지 않는다고요?

미야다이 사회학에서 나오는 지혜 대부분은, 민감한 사람이라면 이미 알고 있는 것뿐이잖아요. 번거롭게 조사하고 실증할 이유가 없습니다.(웃음)

후루이치 그러고 보니…….

미야다이 미국의 사회학자 로버트 킹 머튼(Robert King Merton)은 사회조사의 목적을 명확하게 규정했습니다. 우선 모두가 아는 사실을 확인하러 가는 것은 최악의 조사라고 했죠. 그런 조사 말고, 데이터를 분석하다 보면 조사자가 해석하지 못하는 편차가 반드시 나옵니다. 심지어 일반 상식으로 해석하지 못하죠. 그런 상식 혹은 자신이 원래 가진 도식으로 해석하지 못하는 데이터의 편차를 발견하고 그

편차를 설명하려고 가설을 세웁니다. 그러기 위해서 하는 조사만이 허용된다고 했습니다.

그럴 경우에 가설은 지금까지 그 누구도 모르던 것이니까 실증하는 의미가 있어요. 그 새로운 가설을 실증하려고 조사해보면 또 다른 편차를 발견합니다. 그러면 그 편차를 설명하려고 또 새로운 가설을 세우죠. 이런 식으로 앞으로 나아가는 것이 머튼이 생각한 사회조사의 기본입니다. 그러니 학계에서 직책을 얻으려고 누가 봐도 실증할 수 있을 법한 가설을 사회조사로 실증하고 논문을 써서 내미는 사람은 머튼 눈에는 '빌어먹을 놈'으로 보이겠죠.(웃음)

후루이치 그런 연구가 많죠.

미야다이 아니죠. 그런 연구뿐입니다. 다들 아는 사실을 주장하면서 '증거가 있다'라고 말할 뿐입니다.

후루이치 실제로 이론은 없이 간단한 필드워크나 통계조사만 가지고 '에비던스'라고 말하는 연구가 많아요. 게다가 그걸로 알 수 있는 것이라곤 고작 '오늘 기온은 20도였습니다'처럼 모두 다 알고 있는 것뿐이고요. 사회학이 도움이 되지 않는다면 안전패를 노리는 학생은 사회학 이외의 학문으로 가는 편이 낫나요?

미야다이 시시한 사회조사를 배우느니 다른 공부를 하는 게 낫죠. 그런데 대학원생들에게 머튼 같은 고전을 읽히면 "멋지다!"라며 다들 꽤 충격을 받습니다. 그런 의미에서 사회학과의 고전을 읽는 것이 예전보다 중요해졌어요. 쇠락하기 이전 학문의 모습을 알 수 있으니까요.

사회학은 반년이면 습득할 수 있다

후루이치 실증만으로 충분하지 않다는 건 알겠는데, 그럼 반대로 뭘 하면 사회학이 될까요?

미야다이 사회학은 전제를 거슬러 올라가는 학문, 자명성을 의심하는 학문입니다. 뒤르켐의 《사회분업론》에도 언급되었는데, 우리는 무의식중에 지금 질서가 자명하고, 여기에서 일탈하는 범죄나 자살이 생기면 '이상한 일이 일어났다'라고 생각하기 쉽습니다. 그런데 사실은 그렇지 않아요. 카오스의 바닷속에서 기적적으로 질서가 존재한다고 생각하는 편이 타당합니다. 즉 카오스 상태가 오히려 보편이죠. 사회학자가 잃어선 안 되는 것은 근대가 성숙하기 이전까지 간신히 계승되었던 이런 감수성입니다.

후루이치 그 감수성을 바탕으로 해서 어떤 형태로 결과물을 내면 될까요? 데이터나 샘플을 내놓지 않으면 학문적이지 않다고 비판을 받잖아요?

미야다이 조금 곁다리를 말하자면, 예전 학생과 요즘 학생은 배우는 속도가 다릅니다. 예전 학생이 하루에 한 것을 요즘 학생은 일주일 걸려서 해요. 속도가 아주 느려졌습니다. 내 스승인 고무로 나오키 (小室直樹) 선생은 머리가 좋은 초보자가 성실하게 공부하면 경제학은 습득하기까지 2년, 물리학·수학은 4년, 사회학은 반년, 인류학·민속학은 한 달에서 석 달 정도 걸린다고 하셨죠.(웃음) 사회학 이론은 반년이면 읽을 수 있습니다.

실제로 우리 세대는 고무로 나오키 선생이나 하시즈메 다이사부로 선생을 보며 빨리 그리고 격정적으로 공부했습니다. 빠르고 격렬하게 배우면 사회학뿐만 아니라 경제학, 철학, 윤리학, 정치학 등 다양한 이론을 흡수할 수 있어요. 배경 지식이 그만큼 있으면 어떤 연구를 하더라도 반드시 전달력이 생깁니다. '이 녀석은 충분히 알고서 연구를 했구나'라고 여겨져요.

후루이치 젊은 학생들이 배우는 속도가 떨어진 이유는 뭘까요?

미야다이 선배에서 후배로 이어지는 전승이 끊겼기 때문입니다. 뭘 어떻게 공부해야 타당한지 척도가 계승되지 않고 있어요. 우리는 지식뿐만 아니라 공부하는 방법을 전수하는 일에도 실패했습니다.

미야다이 신지 × 후루이치 노리토시

허풍의 효용

후루이치 지금도 일반 이론을 만들고 싶은 욕망을 갖고 계시나요?

미야다이 어려운 질문이군요. 내게 그건 절반쯤 오디언스의 문제거든요.

후루이치 만약 일반 이론을 만들었다 하더라도 제대로 된 수신자가 없으면 의미가 없다는 뜻인가요?

미야다이 그래요. 그것도 그렇고, 지금 말한 '전승의 핵심은 무엇인가'를 전수하는 편이 생산성의 존속으로 이어진다고 생각합니다.

후루이치 대선배 사회학자로서 지금 뭔가 전승해주십시오.

미야다이 후루이치 씨의 '괴롭히는 캐릭터'는 꽤 괜찮아요. 요즘은 착한 사람들만 넘치잖아요?

후루이치 괴롭히는 캐릭터인가요?(웃음)

미야다이 괴롭힘이란 소중합니다. 주목을 받기도 하고, 누군가 '이 자식이 무슨 소리를 하는 거야?' 하고 생각하게 하거든요. 그러면 "너, 내가 무슨 말을 하고 싶은지 전혀 모르는군? 내가 하고 싶은 말은 이런 거라고" 하고 직접 말할 수 있어요. 나도 그랬어요. 원조 교제하는 여고생을 두고 "굿, 좋아!" 그랬더니 "무슨 헛소리를 하는 거야, 이 자식 미친 거 아니야?"라는 소리를 잔뜩 들었죠. 이렇게 반발을 끌어내면 거기에서 자신의 의견을 전개할 수 있어요.

후루이치 정말 요즘은 착한 말만 하는 사람이 많아요. 냉소적인 사람이 교단에 좀처럼 서지 않아요.

미야다이 듣기 좋은 소리만 하면 결국 이용되다가 끝납니다. 후루이치 씨는 괴롭히는 캐릭터로 가야 해요.

후루이치 그렇지만 미야다이 선생처럼 이론적인 중후함이 전혀 없어요.

미야다이 내가 자주 하는 말인데요, '있는 척'을 하면 됩니다. 있는 척을 할 수 있을 만큼 벼락치기 공부를 해두면 돼요. 그렇게 필사적으로 하다 보면 어느새 충분히 중후해질 겁니다.

후루이치 미야다이 선생도 처음에는 '있는 척'이었나요?

미야다이 그야 당연하지요. 대학교 3, 4학년에 처음 하시즈메 선생의 연구회에 참가했을 때는 선생이 하는 말 중에 10퍼센트도 못 알아들었어요. 그래서 하시즈메 선생에게 물었습니다. "하나도 모르겠는데 어떻게 하면 좋죠?" 하시즈메 선생의 대답은 이랬지요. "두 가지 방법이 있습니다. 하나, 꾹 참고 계속 나온다. 다른 하나, 아는 척한다."(웃음)

후루이치 좋은 말씀입니다.

미야다이 그렇죠? 아는 척을 하면 반드시 공격을 받아요. 그러면 '앞으로 절대 공격을 받지 않겠다!' 하고 다시 공부하게 됩니다. 그러니까 "하나도 모르면서 뭐가 잘났다고 그런 소리를 하는 거야!"

미야다이 신지 × 후루이치 노리토시

라는 소리를 들을 정도면 아주 좋습니다. 열심히 허풍을 떨다 보면 어느새 허풍이 아니게 되니까요.

6

**오사와 마사치 선생에게
'사회학의 도전'을 묻다**

오사와 마사치 大澤真幸

1958년 나가노 현에서 태어났다. 도쿄대학 대학원 사회학연구과 박사 과정을 수료했다. 지바대학 조교수, 도쿄대학 교수 등을 거쳐 현재 사상지 《싱킹O(THINKING 'O')》를 기획하고 있다. 2007년 《내셔널리즘의 유래》로 마이니치 출판문화상, 2015년 《자유라는 감옥》으로 가와이하야오 학예상을 받았다. 한국에서 출간된 저서로 《책의 힘》《내셔널리즘의 역설》 등이 있고, 그 밖의 저서로 《세계사의 철학》《불가능성의 시대》, 공저로 《신기한 기독교》《놀라운 중국》 등이 있다.

오사와 마사치 선생과 대화하다 보면 '어린 왕자'가 떠오른다. 소행성에서 온 어린 왕자처럼 순수한 눈빛으로 이 별을 관찰하는 듯 보인다.

오사와 선생은 미야다이 신지(이쪽은 도저히 어린 왕자라고 할 순 없다)와 같은 세대다. 미야다이 선생과 거의 비슷한 시기에 《행위의 대수학》으로 사회학 박사 학위를 받았다. 도쿄대학 사회학연구과의 일본인 1호 과정 박사라고 한다.

이론사회학의 영재로 기대를 모은 두 사람의 길은 완전히 달랐다. 필드워커로 이름을 떨친 미야다이 선생과 달리 오사와 선생은 사회학 이론 탐구를 진행했다. 아마 많은 사람이 그런 인상을 받았을 것이다. 그런데 저서를 되짚어보면 오사와 선생이 당대에 벌어진 사건에 범상치 않은 관심을 가졌음을 알 수 있다. 오사와 선생은 '이 사회'를 사는 사회학자로서 강한 책임감을 느끼며 저서를 발표해왔다.

대표적인 예가 도쿄 지하철 사린 테러 사건이 일어나고 이듬해에 발표한 《허구 시대의 끝》이다. 이 책은 사린 테러 사건을 한 집단의 폭력적인 만행으로 분리하지 않고, 자본주의와 전후 일본이라는 거대한 문맥 안에서 파악하고자 했다. 옴진리교가 등장한 요인을 우리가 사는 사회에서 찾고 그 사회를 탐구하려고 했다는 의미에서 그야말로 사회학자가 써야 할 책이었다.

그 후에도 《문명 안의 충돌》이나 《불가능성의 시대》, 《꿈보다 깊은 각성으로》 등 미국 동시 다발 테러나 동일본대지진 같은 사회를 뒤흔든 사건에 호응하는 작품을 다수 발표했다.

오사와 선생에게 필드워커 이미지를 떠올리는 사람은 많지 않을 텐데, 알고 보면 공들인 인터뷰나 대화를 거쳐 엮은 책이 상당수 있다. 영화나 만화, 소설 등 동시대의 문화를 흠뻑 흡수해 자신의 이론에 도입하는 것도 특징이다.

그런 의미에서 오사와 사회학은 사회와 대화한 결과물로서 만들어졌다고 해도 좋다. 오사와 선생이 추구하는 것은 절대 탁상공론이 아니다.

예전에 미타 무네스케 선생의 세미나 합숙에서 트럼프 게임을 하면 학창 시절의 오사와 선생이 거의 다 이겼다고 한다. 게다가 게임 논리와 구조를 해명해 승리하는 방법론까지 제시했다는 것이다. 이때를 회상하며 미타 선생은 '뛰어난 이론은 실천적으로도 유효'함을 실증해 보였다고 평했다.

오사와 선생은 이 사회와 함께 앞으로 어떤 사회학을 구축할까.

오사와 마사치 × 후루이치 노리토시

인간은 누구나 사회학자

후루이치 오사와 선생은 '사회학은 무엇입니까'라는 질문에 뭐라고 대답하시나요?

오사와 사회학을 정의하는 것은 허무한 작업이어서요, '겨 주고 겨 바꾸는 것'처럼 소용없는 느낌입니다. 그래도 추상적으로 정의하자면, 사회학은 '사회의 자기의식'입니다. 자기 자신을 의식할 때 사회는 자신이 무엇인지 생각하죠. 그러면 어떤 인간 사회라도 뭐가 됐든 자기의식이 있을 테니 원시적인 사회학도 있을 겁니다. 그런데 사회 안에 존재하고 거기서 살아가는 사람들이 완전하게 대상으로서 객관화해서 사회를 생각하게 된 것은 19세기 중반부터입니다. 그런 좁은 의미에서 사회학이란 '근대 사회의 자기의식'입니다.

후루이치 사회학자는 사회의 자기의식을 연구하는 사람이란 말인가요?

오사와 그렇습니다만, 인간은 모두 살아 있는 사회학자 같은 면이 있습니다. 예를 들어 물리학의 소립자론은 전문가가 아닌 이상 흥미를 느끼지 못해요. 그런데 사회학은 타인과 함께 살아가는 현실 자체에 대한 반성이므로 누구나 많든 적든 일상적으로 하고 있습니다. 즉 누구에게나 민간 사회학자(folk sociologist) 같은 측면이 있고, 그 안에서 세련되고 좁은 의미의 사회학자가 나온다고 생각하는 것이 좋습니다.

후루이치 사람들이 트위터 등을 이용해서 사회에 대해 이런저런 발언하는 것을 보면 다들 사회학자처럼 되었다는 생각이 들어요. 그렇다면 민간 사회학자와 세련된 사회학자는 어떻게 다른가요?

오사와 먼저 많이들 오해하는 것부터 말하면, 사회학을 공부해도 사회에 정통해지지는 않습니다. 그렇다고 사회학이 아무 도움도 되지 않는다고 할 수도 없어요. 인간은 누구나 사회학자로서의 일면이 있으므로 직감 수준에서는 사회나 인간을 누구나 이해합니다. 다만 사람들은 그걸 잘 설명하지 못하죠. 그런데 사회학을 공부하면 자신이 직감적으로 억누르던 것을 개념을 사용해 정밀하고 복잡하게 설명할 수 있게 됩니다.

오사와 마사치 × 후루이치 노리토시

원초적 사회학

후루이치 어렴풋하게 아는 것을 사회학자는 언어화해서 설명할 수 있군요.

오사와 그렇습니다. 정확하게 말하면 사회학자에게는 전문적인 공부 이전에 인간이나 사회에 대한 직감적인 통찰력이 중요합니다. 왜냐하면 자신이 직감으로 모르는 것은 사회학을 공부해도 발견할 수 없으니까요. 그래서 원래 민간 사회학자로서 자질이 없다면 아무리 공부해도 시시한 소리밖에 하지 못해요. 그런 의미에서 사회학자는 사회학 공부를 할 때만이 아니라 살아 있는 인간으로서 이미 사회학을 하는 셈이지요.

후루이치 아까 원시적인 사회학이 있다고 말씀하셨는데요, 그건 학문이 되지 않았지만 사회학과 비슷한 무언가가 있다는 뜻인가요?

오사와 나는 그렇게 생각합니다. 예전에 민속학자인 야나기타 구니오(柳田國男, 1875-1962)의 《도노 모노가타리(遠野物語)》에 채록된 짧은 설화를 제재로 삼아 원초적 사회학이 무엇인지 해설한 소론을 쓴 적이 있습니다. 설화는 이런 이야기지요. 도노의 어느 마을에서 아이들이 머리가 말인 관음(마두관음)을 썰매 삼아 놀고 있었습니다. 그 모습을 본 한 사내가 "이놈들, 그런 짓을 하면 안 돼" 하고 주의를 주었지요. 그런데 그 사내는 그날 바로 병에 걸려 몸져누

였습니다. 무녀를 불러 사내의 상태를 보게 하니 무녀가 그러는 겁니다. "관음께서 모처럼 아이들과 즐겁게 놀고 있는데 방해해서 관음의 기분이 상하셨군요." 그래서 사내는 관음에게 사죄를 했지요. 그랬더니 병이 나았습니다.

지극히 단순한 설화지요. 그런데 이 이야기에서 마을 공동체 안에는 두 종류의 사회성이 있다는 것을 알 수 있습니다. 하나는 마두관음이라는 신적인 존재와 친밀하게 어울리려고 하는 사회성, 다른 하나는 신적인 존재는 거리를 두고 존경해야 한다는 규범이 지배하는 사회성입니다. 그런데 이 두 가지 사회성은 단순하게 연결되지 않고 양자 사이가 어긋나요.

그 어긋남 때문에 사내는 병에 걸렸죠. 무슨 소리인가 하면, 사내는 언어 수준에서는 '마두관음과 놀면 안 된다'는 규범의식을 갖고 있으나 신체 감각 수준에서는 사실 꺼림칙함을 느꼈어요. 즉 마두관음이 아이들과 즐겁게 놀고 있을지도 모른다고 직감적으로 알고 있습니다. 그러자 언어 수준에서 지닌 규범의식과 직감적으로 아는 것 사이에 어긋남이 생겼고 그게 병으로 나타났어요.

그걸 발견해서 공동체에 통하는 로컬한 말로 설명하는 자가 무녀, 샤먼입니다. 샤먼이 원초적 사회학자, 사회학 이전의 사회학자이지요. 이 샤먼과 같은 일을 근대 사회에서 합리적 개념을 이용해서 하는 것이 사회학이 됩니다.

좋은 사회학자와 형편없는 사회학자

후루이치 그럼 좋은 사회학자는 좋은 샤먼인 셈인가요?

오사와 지금 예시로 든 설화로 말하자면, 사내가 언어 수준에서 아는 것만 알아차리면 형편없는 사회학자가 될 테고, 샤먼 수준까지 알면 뛰어난 사회학자가 되겠지요. 좀 더 설명하자면 사회학자는 실증 절차로서 설문조사를 합니다. 그런데 이 병이 난 사내에게 설문조사를 해도 "마두관음은 존경해야 합니다"라고 대답할 것이 분명합니다. 형편없는 사회학자는 그 말을 곧이곧대로 받아들여 같은 소리를 반복할 뿐이죠.(웃음)

당사자가 하는 말은 지금 그곳에서 무슨 일이 벌어지는지 아는 가장 중요한 수단이지만, 우리도 자기 자신을 전부 알지는 못하므로 당사자가 한 말이 그대로 답이 되진 않습니다. 당사자에게는 말로 표현하지 못하는 것이 있을 수도 있고, 거짓말을 할 수도 있어요. 당사자가 거짓말을 할 때, 그 거짓말 안에 중요한 힌트가 숨어 있습니다.

후루이치 그렇다면 최근 시끄럽게 들리는 실증성이나 에비던스는 어떻게 생각해야 할까요?

오사와 적어도 인간적인 사상을 다루는 사회과학은 실증성을 지나치게 붙들고 늘어지면 재미없는 소리만 하게 되지 않겠습니까? 그러니까 나는 완만한 의미의 반증 가능성을 지닌 가설을 내놓는 것이 중요하다고 생각합니다. 몇 가지 상황 증거가 있다면, 어느 정도는 추측할 수 있어요. 그걸 적확하게 실증하긴 어려워도 '과연 그렇군' 하고 여기게 하는 설명은 할 수 있죠.

후루이치 엄밀하게 실증하지 못하더라도 뛰어난 설명 능력이 중요하군요.

오사와 사회학 이야기는 아닌데 '진화' 개념도 그렇지 않습니까. 진화하는 순간은 좀처럼 볼 수 없어요. 그래서 엄밀한 검증은 불가능하죠. 그러나 DNA가 증식하는 방향성에 적응한다는 가설을 두면, 생물의 다양한 면을 아주 훌륭하게 설명할 수 있습니다. 그러므로 논리적으로 말이 되는 근거가 있는지 없는지가 가설을 제시할 때 중요해집니다.

이제까지 몰랐던 것을 깨우쳐주는 역할

후루이치 오사와 선생의 사회학에는 사회의 다양한 영역에서 벌어지는 현상을 설명하려는 이론, 그랜드 시어리가 많이 등장합니다. 원래 거대 이론을 만들려고 했고 현재까지 그런 연구를 하시는 건가요?

오사와 마사치 × 후루이치 노리토시

오사와 태초에 거대 이론이 있었다, 이렇게까지 생각하진 않습니다. 그러나 사회를 기본적인 면에서 생각하려고 하면 반드시 이론이 필요합니다. 그런데 내가 사회학을 시작한 시기는 그때까지 수많은 사람이 믿어왔고 들으면 납득이 가던 이론이 마침 붕괴기에 접어들었습니다.

후루이치 마르크스와 파슨스의 이론이죠.

오사와 그렇습니다. 거대 이론의 두 대가를 이제 믿을 수 없어요. 그러니 스스로 할 수밖에요. 내가 납득할 수 있게, 토대부터 건축물까지 전부 지을 수밖에 없었습니다.

후루이치 그게 결과적으로 거대 이론이 되었군요. 그런데 오사와 선생은 내셔널리즘이나 자본주의부터 영화, 소설, 애니메이션까지 아주 폭넓게 논의하잖아요. 그런 것을 고찰할 때, 자신의 이론을 통해서 사안을 바라보려는 의식이 강한가요?

오사와 '이 사안은 이 이론으로 보자'라고 의식하지는 않습니다. 내가 사용하는 이론은 내가 토대부터 구축한 것이니까 신체적으로 이미 익숙하지요. 오히려 이런 느낌입니다. 예를 들어 나 자신과 학생 모두 흥미를 느끼는 현상이 벌어졌을 때 '사회학자로서 나는 이렇게 보고 있구나'라는 점을 의식해서 말로 표현하고 씁니다. 옴진리교 사건 때 가장 의식적으로 실천했는데요, 여기에 한 가지 도전 과제가 있습니다. 듣는 사람이나 읽는 사람에게 '이딴 건 나도 알아'라는 생각이 들게 하는 수준이어서는 안 된다는 것이지요. 무녀가 설명을 통해 사내를 깨우쳐주었듯이 나도 독자가 아직 깨닫지 못하다가 '그랬구나!' 하고 깊이 납득할 설명을 하고 싶습니다.

구축주의에 느끼는 위화감

후루이치 오사와 선생의 책을 읽으면 '보편성'에 특히 관심이 많은 것 같아요. 그래서인지 모르겠는데 90년대 이후 일본에서 유행한 구축주의(構築主義)와는 일정한 거리를 둔다는 인상을 받습니다.

오사와 아무래도 이론은 정의상 보편적이어야 하므로 나는 보편성을 추구하는 데 집착합니다. 방금 지적했듯이 구축주의는 좀 아니라는 생각이 들어요. 구축주의는 우리가 지닌 어떤 관념이 역사적·사회적으로 어떻게 구축되었는지 명백하게 밝히는 것이죠. 예를 들어 '네이션(nation)'이라는 단어가 현대인이 아는 의미로 사용되기 시작한 때가 유럽에서는 19세기 이후인 줄 알고 있다. 그러면 '네이션'이라는 개념이 근대의 산물이 되는 식이죠.

이런 논의가 사회학에서 한때 대단히 유행했고, 지금도 사회학자의 기본 자세가 되는 면이 있습니다. 그러나 구축주의를 파고들면 결국엔 아포리아(Aporia. 논리적 난점)와 만나고 말아요. 구축주의 사상

오사와 마사치 × 후루이치 노리토시

을 펼친 미셸 푸코(Michel Foucault)는 "인간이라는 개념은 19세기의 발명품"이라고 말했고, 서구 지식의 틀은 17, 18세기의 '표상'이라는 개념에서 19세기가 되자 '인간'으로 변천했다고 논했습니다.

그러면 '표상'과 '인간'을 비교하는 공통 토대가 전제되는데요, 이 토대 자체는 구축되지 않았죠. 그러므로 구축주의의 논의를 세울 경우, 구축된 것과 구축되지 않은 것 사이에 반드시 자의적인 경계선이 잠입합니다. 물론 여기에 구축주의 쪽의 반론은 있지만, 구축주의는 그 바탕에 자기모순을 적지 않게 포함하고 있습니다.

그러므로 어떤 관념의 역사적인 기원이 생각보다 깊이가 없다는 사실을 발견하는 구축주의에 인식상의 가치는 인정하는데요, 뭐든 다 구축주의로 설명하려고 하는 태도는 지나치게 무분별하다고 생각합니다.

후루이치 구축주의자는 본질주의적인 논의에 휘말리기 싫어해서 생물학 같은 지견은 거의 참고하지 않는데요, 오사와 선생은 영장류 연구나 생물학 논의도 적극적으로 참고하시죠. 다른 학문 분야의 논의를 가져오는 일에 그다지 갈등을 느끼지 않으시나요?

오사와 그건 요리하는 방법일 뿐입니다. 본질주의니 뭐니 하기 이전에, 다른 분야의 것을 인용하면 반드시 비판이나 불평이 나와요. 그건 각 분야의 학자에게 영역 의식이 있기 때문입니다.

그렇지만 나는 다른 분야의 논의를 인용할 때면 그것을 내 관점에서 재해석합니다. 즉 다른 분야 연구자들이 생각하지 않는 것도 생각해요.

나는 《세계사의 철학》이라는 책을 썼는데, 역사적인 사건은 거의 다 전문 연구를 인용했어요. 그래도, 아니, 그렇기에 역사 연구자가 미처 깨닫지 못한 다른 노선을 발견해야만 합니다. 애초에 막스 베버의 종교사회학도 그런 것 아닙니까.

후루이치 하긴 그렇죠.

오사와 이공계 쪽 연구를 인용할 때도 마찬가지입니다.

후루이치 그때도 비판이 나오나요?

오사와 그야 나오죠. 그래도 생산적인 부분도 있어요. 지금 영장류 연구자들은 본심으로는 인문사회계 연구자와 교류하고 싶어 해요. 그런데 인문사회계 사람들은 좀처럼 영장류 연구에 흥미를 느끼지 않죠. 그러니까 나 같은 사회학 쪽 사람이 영장류 연구에 관심을 보이면 호의적이어서 심포지엄에도 몇 번 등단한 적이 있습니다.

자신이 두근거리지 않으면 안 된다

후루이치 오사와 선생은 현재 사회학의 상황을 어떻게 보시나요?

오사와 그다지 신경 쓰지 않아서요. 각자 마음대로 하면 된다고 봄니다만, 후루이치 씨처럼 발신력이 있는 사람은 지극히 일부죠. 그런 면에 언밸런스함을 느낍니다.

후루이치 사회학자가 좀 더 발신하는 편이 좋을까요?

오사와 사회학은 학계 내부의 평가만으로는 부족합니다. 아주 특수한 기술이 있거나 전문가만 알면 되는 지견이라면 그 업계 사람이 이용할 수 있으면 그만인데, 사회학은 살아 있는 인간이라면 반드시 지닌 관심에 응답하는 것입니다. 그러므로 학계 안에서 뛰어난 평가를 받는 것과 그것이 넓은 사회적 문맥 속에서 나름대로 의미 있게 발신되는 것은 자전거의 두 바퀴처럼 함께 가야 합니다. 지금 사회학은 어떤가 하면, 업계 내부에는 이런저런 연구를 하는 사람이 꽤 있어요. 아마 학회 인원은 3천 명 이상일 겁니다. 그런데 그 사람들이 지닌 발신력을 생각하면 차이가 너무 심하다고 생각해요.

후루이치 관심이 세분되니까 좀처럼 발신하기 어려운 걸까요?

오사와 그것도 그렇군요. 그러나 그전에 자신이 즐거운지 아닌지가 결정적으로 중요합니다. 내가 두근거리는 것이 아니면 다른 사람도 절대 두근거리지 않아요. 나는 재미있다고 생각하는데 다른 사람은 그렇지 않은 경우는 그야말로 많죠. 그런데 나는 지루한데 다른 사람이 보면 재미있는 일은 단언컨대 없어요.(웃음) 새로운 깨달음에 진심으로 놀라거나 납득하는 감정으로 연구하는가 그렇지 않은가, 그런 감정이 없으면 사람을 깊이 이해시키는 발신은 할 수 없습니다. 또 하나, 최근 학회 발표를 볼 때 우리 시대와 압도적으로 다른 점이라면 역시 이론이나 이론의 기본이 되는 학술 연구가 극적일 정도로 줄어든 것입니다.

후루이치 이론 연구가 왜 이렇게 줄었을까요?

오사와 이유야 다양하겠지만, 이론을 연구한 선배 사회학자들에게도 책임이 꽤 있다고 봅니다. 일본에서는 니클라스 루만(Niklas Luhmann)을 연구하는 사람이 많아요. 그런데 루만은 그의 저작을 읽는 데만 평생이 걸릴 정도로 어렵습니다. 사회학자 햇병아리들이 보기에 루만을 연구하면 대체 무엇을 알 수 있을지 궁금할 겁니다. 그런데 선배의 논문이나 책을 읽어도 재미나 깊은 이해를 느끼지 못하면 루만을 고생하면서 읽을 마음이 들지 않겠죠. 루만뿐만이 아니라 지금까지 학설 연구를 해온 사람들의 연구를 봐도, 그것으로써 사회의 어느 부분을 깊이 깨달았다는 기분이 들지 않는 것이 이론 연구가 세력을 잃은 이유가 아닐까요?

후루이치 오사와 선생도 누군가의 연구에 자극을 받아 사회학을 하려고 하셨나요?

오사와 아주 분명하게, 미타 무네스케 선생입니다. 대학에 입학해서 들은 미타 선생의 세미나는 충격이었어요. 그때 처음으로 학문적으로 생각하는 것과 인간관계나 연애 등 인생을 살며 평범하게 고민하는 문제가 하나로 이어져 있다고 실감했습니다. 마침 그 무렵에 미타 선생이 비교사회학을 시작한 참이어서 강의를 듣고 나도 사회학을 의식하게 되었죠.

후루이치 학문과 인생이 연결되면서 깊이 이해하신 거군요.

사회학은 삶에 능숙하지 못한 사람을 위한 학문

후루이치 앞으로 사회학을 배우고 싶어 하는 사람에게 해주실 조언이 있나요?

오사와 사람은 당연히 제각각 다르게 사는 법이니 좋을 대로 하면 되는데, 나는 내가 살면서 마주한 문제를 사회학을 하면서 어느 정도 극복했다고 해야 하나, 대처할 수 있었습니다. 그런 의미에서 나처럼 능숙하지 못한 사람에게는 좋은 학문입니다.

후루이치 오사와 선생은 능숙하지 못한 사람으로 절대 보이지 않는데요…….

오사와 아니죠. 사회학을 공부하지 않아도 평범하게 잘 사는 사람은 잔뜩 있잖아요. 반면에 저는 이런 번거로운 것까지 생각하면서 간신히 거친 파도를 넘는 식입니다.(웃음)

후루이치 삶에 능숙하지 못한 사람에게 도움이 되는 면이 있군요?

오사와 도움이랄까요, 사회학을 생각하면서 얻는 해방되는 감각입니다. '이 이론은 인생의 이런 상황에서 사용할 수 있다'라는 실질적인 도움보다도, 계속 생각함으로써 자유로워집니다. 이 사회에서 왜 이런 일이 벌어질까, 근원의 가장 근원까지 생각할 때 다다르는 정신의 자유가 있어요. 마르크스의 이론은 비판도 많이 받지만 탁월한 힘이 있는 것은 분명합니다. 왜 그럴까요. 마르크스의 자본주의론은 19세기 당시의 사회구조를 가장 깊은 곳에서부터 설명하기 때문입니다.

그래서 마르크스를 읽으면 한편으로는 자본주의가 얼마나 인간을 속박하는지 알게 되고, 다른 한편으로는 그렇게까지 깊이 분석하면 오히려 '자본주의에서 나는 자유로워질지도 몰라'라는 감각을 지닐 수 있습니다.

즉 이론으로 적힌 내용은 자본주의가 얼마나 철의 메커니즘인지를 말하지만, 근원까지 설명할 수 있으면 자본주의 밖으로 상상력이 통하는 구멍이 열리는 느낌을 받습니다. 그건 그렇게까지 깊이 분석했기 때문이죠. 그래서 자신을 만드는 사회를 깊이 바라봄으로써 비로소 자유로워질 수 있다고 느낍니다. 덧붙여 말하자면, 이와 반대로 자기계발서를 읽는다고 그 사람이 안은 문제가 해결된다고는 도저히 볼 수 없죠.

후루이치 자기계발서로 사람은 자유로워질 수 없나요?

오사와 음, 자기계발서를 읽는다고 그 사람의 문제는 해결되지 않

오사와 마사치 × 후루이치 노리토시

아요. 오히려 그런 종류의 책을 읽기 시작한 순간 문제 해결에서 영원히 멀어진다고 할까요. 다들 고민하고 있는 문제를 손쉽게 해결하고 싶겠지만, 당연하게도 쉽게 해결하지 못합니다. 우리 마음과 사회를 만드는 아주 근본적인 부분부터 얽혀 있기 때문이죠. 그런 의미에서 통찰력이 가장 풍부한 사회학이 고민까지 해결해주는 것처럼 보이기도 합니다.

프로 사회학자라고 말하려면?

후루이치 저는 아직 대학원에 적을 두고 있는데 매체에 나갈 때는 '사회학자'라는 직함을 사용합니다. 물론 이를 비판하는 목소리가 있는 것은 알고 있는데, 지금 일본에서 어떻게 해야 프로 사회학자라고 말할 수 있을까요?

오사와 사실 사회학자라는 직함을 가진 사람이 진짜 사회학자보다 반드시 많아져요. 사회학은 대학 안에서 제도화하기 때문입니다. 그러므로 사회학 강좌를 맡은 교수나 준교수는 자연히 사회학자라고 자신을 말하게 되지요. 즉 교육하는 일자리가 늘면 늘수록 스스로 사회학자라고 부르는 사람은 늘어납니다.(웃음) 사회학은 고등학교에서는 배우지 못하니까 아직 비교적 적은 편인데, 그래도 여러 대학에 사회학부나 사회학과가 있고 대학원생도 많아요. 그리고 요즘은 박사 학위를 당연히 취득하니까 박사라면 사회학자라고 말할 자격이 있는 것처럼 보이죠. 그런데 어디까지나 제도 내의 이야기이고, 다르게 생각할 수도 있습니다.

후루이치 다르게 생각하다니요?

오사와 예를 들어 사회학은 어떤 의미에서는 명인의 기예 같은 부분이 있지 않습니까. 그러므로 극단적으로 말해서 예술가와 똑같이 생각할 수 있어요. 예술대학에서 교편을 잡은 사람이 꼭 예술가는 아니죠. 물론 뛰어난 예술가와 형편없는 예술가가 있지만 교육하는 자리에 있느냐는 전혀 관계가 없어요. 사회학도 사회학자라는 직함이 있는 것과 깊은 분석이 가능한 것은 전혀 다른 문제입니다.

후루이치 씨가 젊은 사람들에게 인기인 건 알아요. 내 느낌이지만 역시 후루이치 씨는 젊은 사람들의 위화감을 멋지게 대변해줍니다. 후루이치 씨가 나오기 전까지는 불쾌한 말을 잔뜩 들어야 했고, 그 말을 납득하지 못해도 거기에 제대로 반론하지 못하는 분위기였죠. 젊은 사람들이 보기에 후루이치 씨는 말하기 어려웠던 위화감을 처음으로 말로 표현해준 사람입니다. 그런 의미에서 사회적으로 아주 유의미한 일을 하고 있어요. 앞으로 후루이치 씨가 할 일은 이제 그 위화감을 표명하는 대표 주자를 뛰어넘어 '나는 이렇게 생각한다'를 적극적으로 말하는 것입니다. 그러면 한층 더 성장할 거예요.

후루이치 오사와 선생이 말씀하시는 진정한 사회학자가 되려면 어떻게 해야 할까요?

오사와 박사 논문을 준비하는 과정에서 자기 나름의 깊은 분석과 견해가 나올 겁니다. 35세 정도까지가 아주 중요한 시기예요. 그때까지 어느 정도 쌓아 올린 것을 그 후로 점점 더 전개하게 되겠죠.

후루이치 그런데 사회학을 하는 사람에게 "네 발언이나 글은 사회학이 아니야"라는 말을 자주 들어요.

오사와 그런 건 신경 쓰지 말아요. 나도 들은 말이고 지금도 듣고 있으니까.(웃음)

후루이치 오사와 선생도 듣는 말이라면 어쩔 수 없으니 포기하겠습니다.(웃음)

오사와 그런데 나는 일부러 사회학을 직함으로 강조합니다. '불만이 있으면 댁도 댁만의 사회학을 하면 된다'라고 생각하니까요. 사회학이라는 학문은 아이덴티티를 확산하기 쉬운 학문입니다. 그게 또 사회학의 좋은 점이기도 하죠. 그러니 "그건 사회학이 아니다"라느니 하는 소리를 잔뜩 듣더라도 신경 쓸 필요가 없어요. 설득력이 있으면 그만입니다.

7

**야마다 마사히로 선생에게
'가족사회학으로 본 일본'을 묻다**

야마다 마사히로 山田昌弘

1957년 도쿄 도에서 태어났다. 도쿄대학 대학원 사회학연구과 박사과정
을 마쳤다. 현재 주오대학 문학부 교수이고 전문은 가족사회학이다. 한국
에서 출간된 저서로 공저인 《나는 오늘 결혼정보회사에 간다》《희망 격
차사회》 등이 있다. 그 밖의 저서로 《근대 가족의 행방》《결혼 사회학》
《패러사이트 싱글의 시대》《신평등사회》《가족 펫》《소자사회 일본》《여
성 활약 후진국 일본》《가족 난민》 등이 있다.

나는 《희망 난민》이라는 책에서 사람 이름에 수식을 붙였다. 야마다 선생의 책을 인용하면서는 '사회학자이면서 뛰어난 마케터인 야마다 마사히로'라고 적었다. 야마다 선생이 뛰어난 유행어를 많이 만들었기 때문이다. 대표적인 예로 '패러사이트 싱글(parasite single)'이 있다. 학업을 다 마친 후에도 부모와 동거하며 생활을 의존하는 비혼자를 말한다. 야마다 선생은 1997년에 당시 개봉한 영화 〈패러사이트 이브〉와 비슷한 용어로 이 개념을 만들었고 20년이 지난 지금 '패러사이트 싱글'은 일반명사가 되었다.

또 '콘카츠(婚活)'라는 단어도 야마다 선생의 발명품이다. 취업 활동처럼 좀 더 좋은 결혼을 꿈꾸며 하는 행동을 '결혼 활동'이라고 보고, 이를 가리키는 약칭으로 '콘카츠'를 제안했다. 2007년에 나온 단어인데 약 10년 만에 이미 모르는 사람이 없는 단어가 되었다.

이것 말고도 야마다 선생은 '희망 격차사회' 등 많은 단어를 만들었다(그중에는 '가족 펫'이나 '절식계 남자', '나데시코 공주'처럼 전혀 유행하지 않은 단어도 있다).*

그런데 일개 사회학자가 발명한 단어가 이 정도로 사회에 널리 받아들여진 적이 과거에 있었을까? 사회학자 사이에서 통용되는 개념을 만드는 것도 큰일인데 말이다. 야마다 선생의 조어가 단순히 마케팅 전략에서 지어진

---

* 가족 펫: 가족처럼 사랑스러운 애완동물. 절식계 남자: 연애는 물론이고 이성에 아예 흥미가 없는 남자. 나데시코 공주: 일본이 아닌 아시아 다른 나라 엘리트와 결혼하려는 일본 여성.

것이라면 이렇게 유행하고 보급되지는 않았을 것이다.

'패러사이트 싱글'이나 '콘카츠'라는 용어가 실로 뛰어난 점은 현대 사회를 명확하게 설명하기 때문이다. 경제적으로 자립하지 못하고 장래에 불안을 느끼는 청년이 늘어난 상황에서 이들이 부모 곁에 머무는 것은 당연해 보인다. 또 친척이나 지역 사회에서 주선하는 맞선이나 직장 내 결혼이 줄어들고, 결혼을 하기 위해서도 '활동'이 필요한 이유 역시 설명을 들으면 이해할 수 있다.

단어의 발견은 현상의 발견이기도 하다. 야마다 선생 덕분에 '패러사이트 싱글'이나 '콘카츠'라는 존재가 주목을 받고 관련 연구가 진행된 덕에, 사회 차원에서 이들을 지원할 수 있게 되었다. 물론 동시에 '패러사이트 싱글'에 대한 공격 또한 가능해졌다. 그것은 개념이 지닌 숙명이다.

사실 《희망 난민》에서 야마다 선생에게 붙인 수식어는 처음에는 '사회학자라기보다 뛰어난 마케터'였다(죄송합니다). 지금은 '사회학자이면서 뛰어난 마케터'로 바꿔서 다행이다.

야마다 마사히로 × 후루이치 노리토시

취업 활동에서 사회학을 어떻게 설명할까

후루이치 '사회학은 무엇인가'를 학생에게 가르친다는 것은 참 어려워 보이는데요. 야마다 선생은 어떤 식으로 가르치시나요?

야마다 대학에서 사회학 개론을 가르치다 보면 그게 제일 힘들어요. 정답은 없겠지만, 일단은 학생들에게 내 연구 분야인 가족사회학을 설명합니다. 가족사회학은 가족의 개인화와 저출생, 고령화 같은 사회 문제가 어떻게 발생했고 개인이나 사회에 어떤 영향을 미치는지 연구하는 학문이라고요.

또 미국 사회학자 찰스 라이트 밀스(Charles Wright Mills)의 《사회학적 상상력》을 자주 언급합니다. 얼핏 개인적으로 보이는 문제라도 이면에는 사회구조와 그 변화가 놓여 있어요. 그걸 연결해서 분석하는 것이 사회학이라고 말하죠. 단 구직 활동을 하고 있는 학생에게는 다르게 가르쳐줘야 합니다.

후루이치 무슨 말씀이죠?

야마다 기업 면접에서는 "당신이 배운 사회학은 기업의 일과 어떤 관련이 있습니까?" 같은 질문을 받잖아요.

후루이치 아하. 취업 활동을 하는 학생에게는 골치 아픈 질문이죠. 어떻게 대답하면 좋을까요?

야마다 상황에 따라 다르겠지만, "현대는 가족이 변화하고 있으므로 물건을 팔고 싶으면 예전 그대로의 가족을 전제로 하면 안 됩니다"라고 답하면 될까요.(웃음)

틈새 분야를 연구하는 강점

후루이치 사회학과 다른 사회과학의 차이는 무엇일까요?

야마다 역시 학생들에게 자주 하는 말인데, 크게 두 가지로 생각할 수 있습니다. 하나는 정치와 경제까지 포함해 모든 분야를 종합적으로 설명하는 것이 사회학이라는 사고법, 다른 하나는 정치 현상도 경제 현상도 아닌 틈새 분야를 연구하는 것이 사회학이라는 사고법이죠.

후루이치 거대 이론파와 니치 파가 있다는 뜻이군요?

야마다 그렇습니다. 다행스럽게도 가족사회학은 그중에서 틈새에 속하는 분야여서 행정이나 기업, 다른 분야 연구자들이 같이 조사나 연구를 하자고 제안하기에 부담이 없어요.

후루이치 말씀대로 야마다 선생은 다른 분야 사람들과 협업하는 경우가 많았어요. 그런데 그렇게 함께 일할 때, 방법의 차이 때문에 대립하게 되진 않나요?

야마다 가족사회학이라는 분야가 애초에 틈새니까 대립은 별로 없습니다. 예를 들어 가족의 애정이 어떻게 변화하는지 하는 문제는 정치학에서도 경제학에서도 다루지 않아요. 그래서 다른 분야에서 생각보다 가족사회학의 설명을 수월하게 받아들입니다.

후루이치 요즘에는 어느 분야 사람들에게 협업 제안을 많이 받고 있나요?

야마다 주택 업체나 자동차 업체 같은 소비 산업 쪽이나 기업가들이 자주 말을 거는 편입니다. 소비 산업은 표준가족을 전제로 삼아 여태까지 장사를 꾸려왔는데, 이제는 그 표준가족이라는 것이 쇠퇴하고 있어요. 그러니 가족의 변화를 분석하는 내 연구에 관심을 가집니다.

학회에 들어가는 의미

후루이치 야마다 선생께는 사회학 학회에 관해서 꼭 묻고 싶었어요. 잘 팔리는 책을 쓰거나 매체에서 다양하게 발언하는 사회학자 중에는 점점 학회 활동에 참여하지 않는 사람도 많은데요. 오사와 마사치 선생이나 미야다이 신지 선생은 사회학회에 전혀 흥미를 느끼지 못하시는 것 같아요. 그런데 야마다 선생은 일반 독자를 대상으로 한 책도 많이 쓰시면서 학회 활동도 소홀히 하지 않으시죠. 이런저런 역직도 맡고 계시고요. 사회학자가 학회에서 활동하는 것에 어떤 의의가 있을까요?

야마다 학회 활동에는 동창회 같은 기능이 있습니다. 사회학에는 가장 큰 사회학회가 있고, 그 하위 학회라는 형태로 가족사회학회나 복지사회학회 등이 있죠. 그런 학회에 소속되면 자신의 논문이나 학회의 주장에 대해 다른 사회학자로부터 유익한 조언을 얻을 수 있어요. 나도 그렇게 성장했습니다. 역직을 맡은 것은 그 은혜를 갚으려는 생각에서지요. 게다가 다양한 세대에 속한 사회학자가 있잖아요. 그렇게 세대를 넘어 서로 발표하고 비판하는 것이 후진을 키우고 자신의 학문 폭을 넓혀가는 부분이 있다고 봅니다.

후루이치 작은 학회라면 문제의식을 공유하니까 논의하기 쉽겠지만 일본사회학회라면 동창회로 보기에 너무 크지 않나요?

야마다 사회학회처럼 서브 학회를 통괄하는 학회는 드물어요. 경제학이라면 마르크스 계통과 근대 계통은 분야가 전혀 다르니까 개별 학회만 존재합니다. 역사학도 마찬가지로 개별 학회만 있지 일본역사학회는 없어요. 다른 어느 분야건 종합적인 학회가 존재한다 할지라도 아마 활동은 거의 하지 않을 겁니다. 사회학은 세간에서 보기에 마이너리티한 학문이니까 조직적으로 뭉칠 필요가 있었겠죠. 그런 의미에서 일본사회학회는 사회학이라는 존재를 세간에서 인정받기 위한 활동을 하고 있습니다.

저널리스트와 사회학자의 차이

후루이치 그런데 학회에 들어가지 않으면 사회학자라고 할 수 없나요? 가족 문제를 잘 아는 저널리스트와 가족사회학자의 차이는 뭘까요?

야마다 우선 현상만 보지 않고 현상 배후에 있는 사회 전체의 변화에 이론적으로 위치를 부여할 수 있는지 여부로 나뉩니다. '개인화'나 '승인 욕구' 같은 사회학의 일반 이론이 있습니다. 사회학자는 이를 바탕에 두고 현상을 해석하거나 평가하고요. 물론 결과물을 내놓을 때는 전부 다 설명할 수 없으니 부분적인 분석과 결론의 형태를 취하는데, 잘 아는 사람이 읽으면 배후에 이론적인 인식이 존재하는지 그렇지 않은지 알 수 있어요. 이 말을 바꾸면 가족 문제를 잘 아는 저널리스트가 자신의 조사나 연구를 사회 이론 안에서 풀어갈 수 있다면 그 저널리스트는 사회학자라 해도 좋습니다.

후루이치 직함 자체는 관계가 없군요?

야마다 그렇습니다. 내가 보기에 일본에서 사회학적인 연구를 제일 많이 하는 사람은 관료들입니다.

후루이치 관료요?

야마다 현실 사회 문제를 분석하고 거기에서 원인과 결론을 찾아 정책을 만드는 일을 매일 하고 있잖아요?

후루이치 정말 그러네요.(웃음)

야마다 다만 관료는 4~5년마다 늘 자리를 옮기니까 한 가지 문제를 계속 전문적으로 다룰 순 없어요. 학계의 사회학자와의 차이점인지도 모르겠군요.

후루이치 그럼 머튼이나 루만을 꼭 읽지 않아도 사회학자가 될 수 있나요?

야마다 아뇨, 이론서를 읽는 것도 사회학자에겐 중요해요. 학생들에게 설명할 때도 사회학 이론이나 사회학사처럼 사회학 전체의 기초를 만드는 사회학 그리고 사회의 현실 문제와 마주하는 사회학, 이렇게 두 가지가 있다고 말합니다. 사회학자 중에는 양쪽 다 연구하는 사람도 있고 나처럼 전자를 공부해서 후자로 발신하는 사람도 있다고 하죠. 그러므로 사회학이 발전하려면 이론 연구가 당연히 필요합니다.

사회학과 수학의 공통점

후루이치 조금 개인적인 내용도 여쭙고 싶은데요, 야마다 선생은 왜 사회학이라는 길을 선택하셨나요?

야마다 어려서는 수학자가 되고 싶었어요. 고등학생 때는 당시 유명한 수학자 히로나카 헤이스케(広中平祐) 선생과 좌담회를 하는 텔레비전 방송에 나간 적도 있어요.

후루이치 수학자가 꿈이셨다고요?

야마다 그렇습니다. 같이 나간 사람 중에 몇몇은 수학자가 됐어요.

후루이치 우와! 그런데 왜 사회학을?

야마다 미적으로 가장 아름다운 세계에서 가장 진흙탕 같은 세계로 간 느낌이죠? 원점은 가족입니다. 가난했고, 어머니가 공해병으로 거의 누워만 계셔서, 평범함과는 거리가 먼 가족 환경이었어요.

후루이치 가족에 흥미를 느낄 수밖에 없었군요?

야마다 그렇습니다. 설마 생업으로 삼을 줄은 몰랐지만요.

후루이치 수학을 좋아하는 기질이 사회학에도 살아 있나요?

야마다 그렇긴 합니다. 레비스트로스의 구조주의도 수학을 사용했어요. 어떤 구조를 사회 현상에 적용했더니 사회 현상이 명확하게 보인다는 것은 수학적 사고와 아주 비슷해요. 예를 들어 부모와 동거하는 가족 구조를 일본 사회에 적용하면, 거품 경제 시대의 청년층이 돈을 펑펑 쓰며 놀았다거나, 현재의 청년들이 좀처럼 결혼하지 않는다거나, 러브호텔이 유행하거나 하는 현상을 명확하게 설명할 수 있어요.

후루이치 야마다 선생이 대학원생이던 80년대는 수학을 사용한 수리사회학이나 이론사회학이 유행했죠. 그 방면으로 나아갈 생각은 없으셨나요?

야마다 수리사회학이나 이론사회학은 모델은 만들어도 현상을 잘 설명하지 않으니까요.

후루이치 그럼 오사와 마사치 선생이나 미야다이 신지 선생처럼 보편적인 모델이나 거대 이론을 만들겠다는 야망은 없으신가요?

야마다 내 세대는 조금 위에 하시즈메 다이사부로가 있고 동년배에 오사와가 있고, 2년 아래에 미야다이가 있어요. 다들 머리가 얼마나 좋은지 모릅니다.(웃음) 나를 지도해주신 다카하시 도오루(高橋徹, 1926-2004) 선생, 요시다 다미토(吉田民人, 1931-2009) 선생, 고무로 나오키 선생도 그렇고요. 그러니까 나는 거대 이론을 다른 사

야마다 마사히로 × 후루이치 노리토시

람에게 맡겼어요. 그렇다면 나는 뭘 해야 할까, 당시 참여했던 고무로 나오키 선생의 세미나에서 선생이 말씀하셨어요. "선진 과학을 후진 과학에 응용하는 것이 사회학이다." 그래서 다른 이들이 만든 거대 이론을 내 전문 분야인 가족에 응용하면 되겠다 싶었죠. 즉 이런저런 현장에서 수집한 데이터를 거대 이론을 사용해서 해명하는 것이 내 역할이라고 생각했습니다.

경제 성장, 가족, 청년… 사회는 맞물려 돌아간다

후루이치 당시 가족사회학을 전공하는 대학원생이 많았나요?

야마다 거의 없었고 게다가 남자는 나뿐이었어요.(웃음) 1981년에 대학원에 진학했는데 70년대 후반은 남편이 일하고 아내가 전업주부인 핵가족 모델이 가장 안정적으로 정착한 시대였으니까요.

후루이치 너무 안정적이어서 다들 연구 대상으로 삼으려고 하지 않았군요?

야마다 그렇습니다. 도쿄대학에서 가족사회학을 전공하는 남자는 20년 만에 나왔다고 했습니다.

후루이치 그만큼 야마다 선생에게는 가족이라는 문제가 컸군요.

야마다 그래요. 평범한 가족이란 게 있는지, 다른 가족은 정말 잘 굴러가는지 궁금했어요.

후루이치 당시 그 문제를 깨달은 사람은 소수파였을 텐데요. 차츰 가족을 되묻는 시대가 되었죠. 야마다 선생도 90년대 이후 일반 독자를 대상으로 책을 하나둘 내기 시작했고요.

야마다 그렇습니다. 한 가지 이유는 일본의 저출생 문제를 두고 다들 틀린 소리만 하니까 그랬어요. '여성이 일하고 싶으니까 아이를 낳지 않는다'가 주류파였는데, 실제로 현장에서 조사하며 이야기를 들어보면 그런 여성은 적었어요. 데이터를 분석하면 저출생의 원인은 결혼 자체가 줄었기 때문임이 분명했습니다. 아무도 그걸 지적하지 않으니까 어쩔 수 없이 내가 써야 했죠. 그렇게 낸 책이 《결혼 사회학》입니다.

후루이치 그 후 1999년에 부모와 동거하는 미혼자를 분석한 책 《패러사이트 싱글의 시대》가 베스트셀러가 되었죠. 잠깐 다른 이야기인데요. 야마다 선생의 책은 '패러사이트 싱글'이나 '희망 격차사회'나 '콘카츠'처럼 충격적인 제목이 많은 것이 특징이에요. 그런 제목은 유행을 노린 건가요?

야마다 아뇨, 그렇지 않습니다. 사실은 전부 편집자와 이야기하다가 우연히 나온 단어일 뿐이고, 딱히 새롭게 유행어를 만들려고 하진 않았어요.

후루이치 스스로 마케터나 카피라이터라는 의식은 있나요?

야마다 마사히로 × 후루이치 노리토시

야마다 그런 생각은 전혀 없습니다. 예전에 '카피라이터 야마다 선생님, 강연을 부탁합니다'라는 의뢰를 받은 적이 있는데 당연히 거절했습니다.(웃음) 나는 카피라이터가 아니니까요.

후루이치 가족이라는 관점에서 돌아보면 일본의 전환점은 언제였을까요?

야마다 가장 큰 구조 전환은 오일 쇼크 무렵*에 일어났습니다. 이때 고도 경제 성장이 멈췄어요. 경제 성장이 느려지면 결혼도 줄어들죠. 이 두 가지는 상관관계가 있습니다. 그 후로 두 번째 전환기는 90년대 후반이죠. 아시아 경제 위기가 발생한 시점입니다. 그때부터 신경제(new economy)가 도입되어 사회의 유동화가 강해졌어요. 일본에서 그 영향을 직접 받은 건 청년층이었죠.

후루이치 실제로 야마다 선생의 저서도 가족뿐만 아니라 청년을 대상으로 한 연구나 제안이 많아진 것 같습니다. 어느 시점에서 위기감을 크게 느끼셨나요?

야마다 당시 후생성의 의뢰로 2000년부터 2002년쯤에 걸쳐 비정규 고용자와 미혼자를 대상으로 인터뷰 조사를 대대적으로 시행한 것이 내게 의미가 컸어요. 일본을 돌아다니며 백 명 이상을 인터뷰했습니다. 그렇게 만나봤더니 자유롭게 살아간다는 이미지로 비쳤던

---

*   1973-1974년, 1978-1980년

프리터의 실상이 전혀 다르지 뭡니까? 낮에는 야구 연습장에 다니고 밤에는 맥도날드에서 아르바이트를 하며 매년 프로야구단 입단 테스트를 받고 떨어지기를 반복하면서 살아가는 서른 살 전후의 남성이 있었습니다. 또 고액 연봉 남성과 만나기를 기다리며 비정규 노동을 하는 서른 살 독신 여성도 있었고요. 나는 조사자였으니까 딱히 충고할 수 없는 입장이었는데 '대체 이 사람들은 앞으로 어쩌려는 거지?' 하고 적지 않게 충격을 받았어요. 이때의 인터뷰나 조사가 그 후의 《희망 격차사회》나 《나는 오늘 결혼정보회사에 간다》 같은 책의 기초를 이루었습니다.

역사적 전환기를 이해하기 위한 사회학

후루이치 사회학에 흥미를 느끼는 사람은 어떻게 공부하면 좋을까요?

야마다 아까 말한 저널리스트와 사회학자의 차이와 관련이 있는데, 사회학의 이론서를 읽는 동시에 자신이 흥미를 느끼는 분야의 '지금 뜨거운 문제는 무엇인가?'를 조사하는 것입니다. 큰 틀이 되는 이론과 구체적인 문제, 이 두 바퀴가 다 필요하죠.

후루이치 추천할 만한 이론서가 있나요?

야마다 음, 울리히 벡의 《위험 사회》, 앤서니 기든스의 《사회구성론》, 지그문트 바우만(Zygmunt Bauman)의 《액체근대》 정도일까요. 이런 사회학 책을 읽으면 현재가 역사적인 전환기임을 알 수 있어요. 안정적인 전기 근대부터 유동적인 후기 근대로 이행하고 있죠. 내 삶을 생각할 때도 정책적인 제안을 할 때도 이런 전제는 최소한으로 갖춰두어야 합니다.

후루이치 사회학은 주로 근대라는 시대를 대상으로 삼는 학문이죠. 기든스나 바우만은 근대를 전기 근대와 후기 근대라는 형태로 나눴고요. 유럽 여러 나라에서는 전후 경제 성장이 끝난 후부터 1970년대 오일 쇼크까지를 전기 근대, 그 뒤로 사회가 유동화한 시기를 후기 근대로 나누는 것이 일반적입니다. 그런 지견의 어떤 점이 유용할까요?

야마다 가족사회학 분야로 말하자면 학생들에게 '사회 전체가 유동화하는 과정에서 25퍼센트는 평생 결혼하지 않고, 남은 75퍼센트 중 25퍼센트는 이혼한다, 그러니 자신이 어느 쪽이 되더라도 괜찮도록 인생을 꾸려가자'고 말합니다. 그리고 그런 사회에서 살아갈 구조를 만드는 것도 지금 학생들이죠. 당연히 살기 어려운 사회를 만들지 않기를 바라니까 지금이 어떤 시대인지 거시적으로 아는 것이 중요합니다.

후루이치 지금 일본은 전기 근대에서 후기 근대로 이행하는 시기인데 전기 근대 시대를 말하는 고전을 읽는 의미는 무엇인가요?

야마다 막스 베버나 에밀 뒤르켐 등의 전기 근대 고전은 전근대에서 근대로 전환될 때 어떤 문제가 일어났는지를 알려주는 절호의 텍스트입니다. 후기 근대는 전기 근대가 궁극에 이르면서 만들어졌으니까 현재의 문제를 포착하기 위해서라도 근대의 기본을 알아두어야 하지요.

전기 근대에서 빠져나오지 못하는 일본

후루이치 후기 근대는 앞으로 어떻게 될까요?

야마다 일본은 아직 전기 근대의 생각이 뿌리 깊게 남아 있어요. 종신고용이나 안정을 바라는 학생이 많은 것도 그런 현상입니다. 경기가 조금만 좋아지면 전기 근대로 돌아가려는 사람이 늘어나서 참 곤란합니다.

후루이치 도쿄 올림픽과 리니어 모터카(자기부상열차)로 일본이 부활할 것이라는 소리를 하는 사람도 있으니까요.

야마다 나는 《가족 난민》에서 기업이나 가족에 의존하면 어떻게든 된다고 믿으며 전기 근대적으로 사는 사람은 소수파가 될 테니까, 개인을 단위로 제도를 바꾸어야 한다고 적었습니다. 뭐, 줄곧 해온

야마다 마사히로 × 후루이치 노리토시

말이지만요.

후루이치 사회보장도 그렇고 교육도 그렇고, 일본이 후기 근대에 적응할 제도를 만들 수 있을까요?

야마다 적어도 지금은 그러지 못하죠.

후루이치 유럽에서는 어떻게든 후기 근대에 제도적으로 대응하려는 나라가 많은데 일본은 왜 그러지 못할까요?

야마다 아마 전기 근대가 행복했기 때문일 겁니다.

후루이치 일본은 전기 근대 때 너무 과하게 성공했다는 건가요?

야마다 다들 그렇게 말하고 나도 그렇게 생각해요. 고령자는 그때의 향수가 있으니까 영원히 전기 근대의 성공 체험에서 빠져나오지 못하고, 젊은 사람들도 안정을 지향하는 경향이 강하니 공무원을 희망하며 전기 근대의 삶을 선택하려고 합니다.

후루이치 그렇죠. 관료는 전기 근대적인 코스의 정점이니까요. 결국, 제도를 만드는 사람들이 전기 근대에 집착하기 때문에 일본은 후기 근대에 적응하기 어려울지도 모르겠어요.

야마다 지금까지 구축해온 것을 버리기란 좀처럼 쉬운 일이 아니니까요.

후루이치 저출생 하나만 봐도 수십 년 전부터 알고 있는 문제잖아요. 그런데 이렇게 절박한 상황인데도 효과적인 대응책이 없어요.

야마다 남성과 여성이 만나면 자연히 사랑에 빠져서 결혼한다고 생각하는 노인들이 아직 많이 있습니다.

후루이치 그런 분들은 어떻게 해야 눈을 뜨실까요?

야마다 그들이 권력을 쥔 동안에는 어려울 겁니다. 당신 자식이나 손주에게 나중에 큰일이 일어날 거라고 말해도 '그럼 내 자식이나 손주만은 잘되게 해야지'라는 발상으로 나오니까요.

사회학의 목적은 괴로움을 견디는 힘을 얻는 것

후루이치 야마다 선생은 정부 위원 같은 일도 많이 맡으셨는데요. 정치나 정책 영역에서 일하면서 사회를 바꾸고 싶다는 의식이 강한가요?

야마다 그런 일도 분명 하긴 했는데, 정부 위원이 되느냐 아니냐는 결국 발신한 일에 주목하는 관료가 있는지 없는지가 매우 중요합니다. 나도 당시 경제기획청 사람들의 의뢰를 받은 것이 계기였으니까요.

후루이치 우연한 요소가 강했나요?

야마다 그렇습니다. 그런데 관료 앞에서 뭔가 말할 때면, 나는 요즘 들어 격차나 위기감만 이야기하니까 대부분 좀처럼 들으려고 하지 않아요. 보고 싶은 것만 보죠. 요즘은 강연하기 전에 "죄송합니다

만 제가 하려는 말은 어두침침한데 괜찮을까요?"라고 양해를 구할
정도입니다.

후루이치 야마다 선생이 보시기에 이 세상이 너무 위기감을 못 느끼
나요?

야마다 위기감이 다소 있어도 나만은 안전하다고 생각하는 사람이
많아요. 다른 한편으로 안전하지 못한 사람은 별로 위기감을 느끼
지 못하죠.

후루이치 사회학은 정치나 정책에 좀 더 관여해야 할까요?

야마다 글쎄요. 나는 카를 구스타브 융의 말을 빌려 학생들에게 "사
회학의 목적은 사회를 실현 불가능한 행복한 상태로 만드는 것이
아니라 괴로움을 견디는 힘을 얻는 것입니다"라고 말해요.

후루이치 괴로움을 견디는 힘이요?

야마다 어떤 사회가 되더라도 괴로운 일이 사라지진 않으니까요.
사회적 불평등, 젠더 차별, 격차, 빈곤, 이혼, 미혼 혹은 갑자기 부
모가 쓰러지기도 하죠. 사회 인식이 어떠냐에 따라 그런 괴로운 상
태를 견디는 힘이 되어줄 수 있다 생각하고, 사람들이 괴로운 상태
에서 견디는 제도를 만들 필요가 있다고 느낍니다. 적어도 사람들
이 살기 쉬운 세상, 살기 어려워도 극복할 수 있는 사회가 되길 바
랍니다.

패러사이트 싱글의 장래

후루이치 야마다 선생이 보기에 일본에는 어떤 희망이 있나요? 이렇게 하면 사회가 좋아지지 않을까 하는 힌트라도 좋습니다만.

야마다 그게 좀체 보이지 않아요. 타인의 승인을 잃은 사람이 점차 늘어나는 상황이고 그런 사람은 경제적으로도 감정적으로도 고립되어버리니까요.

후루이치 2050년쯤 일본은 어떻게 될까요?

야마다 가장 큰 걱정은 부모와 동거하는 비혼자의 장래입니다. 지금 비혼자 중 80퍼센트가 부모와 동거해요. 게다가 35세부터 44세까지 비혼자는 2012년 시점에 305만 명이나 있어요. 그들의 부모가 죽었을 때 어떻게 될지 생각하곤 하는데, 현재 정책적으로 전혀 손을 쓰지 못합니다. 셰어하우스 같은 가능성도 있을 테고, 고양이나 로봇과 사는 가상의(virtual) 관계성의 시대가 될 수도 있겠지요. 그런 점에 신경이 쓰입니다.

후루이치 버추얼한 관계만 있다면 사회는 재생산되지 않겠죠. 현재 14세 이하 어린이는 1600만 명입니다. 그런데 집에서 기르는 고양이가 천만 마리, 개와 고양이를 합치면 2천만 마리, 어린이보다 반려동물인 개와 고양이가 더 많은 상황이고 야마다 선생이 말하는 '가족 펫'은 늘어만 갑니다.

야마다 그렇게 버추얼한 관계가 가족을 대체하는 것이 '과제 선진국'* 일본의 모습인지도 모르겠어요. 연애하기 싫다, 연인도 필요하지 않다는 사람이 늘어나면 그만큼 버추얼 문화도 발전하겠지요. 절대 긍정적이라고 볼 순 없지만요.

---

* 저출생 고령화나 환경 문제 등 선진국을 포함한 전 세계가 직면할 과제를 일본이 제일 먼저, 심각하게 직면하고 있다는 의미. 여기에 덧붙여 이런 과제를 세계 선두에 서서 적극적으로 해결하고 극복하자는 의미도 있다.

8

**스즈키 겐스케 선생에게
'공공사회학의 역할'을 묻다**

스즈키 겐스케 鈴木謙介

1976년 후쿠오카 현에서 태어났다. 도쿄도립대학 대학원 사회학연구과 박사 과정을 이수했다. 현재 간사이학원대학 사회학부 준교수다. 전공은 이론사회학이다. TBS 라디오 '문화계 토크 라디오 라이프'의 메인 진행자다. 저서로 《카니발화하는 사회》《서브컬처 일본의 신자유주의》《SQ, 관계의 지능지수》《웹 사회의 사상》《웹 사회의 행방》 등 다수가 있다.

별명은 찰리. 2006년부터 방송된 '문화계 토크 라디오 라이프'의 메인 진행자를 맡고 있다.

내가 처음 출연한 매체도 '라이프'였다. 나뿐만 아니다. 철학자 고쿠분 고이치로(國分功一郎), 저널리스트이자 기업가 쓰다 다이스케(津田大輔), 작가이자 편집자 하야미즈 겐로(速水健朗) 등 '젊은 논객'이라고 불리는 사람들을 가장 먼저 발굴한 방송이다. 그런 의미에서 최근 10년간 언론계에 귀중한 자리를 제공해온 곳이다.

이렇게 설명하면 의식 수준이 높은 방송처럼 들릴지도 모르겠지만, 실제로는 동아리 활동 같은 분위기가 나는 곳이다. 방송 주제도 '소셜' '글로벌화' '리더론' 등이 이어지지만 자기계발적인 내용은 절대 아니다. 그런 주제를 부감해서 끈질기고 진지하게 논하는 것이 이 방송의 특징이다. 이 방송이 이런 느낌의 자리가 된 데는 '찰리'가 사회학자인 것도 관계가 없지는 않으리라.

두 번 유급하고도 밴드 활동에만 열중하는 대학생 같은 인상을 주지만, 그가 책을 쓰면 순식간에 이야기가 어려워진다. 어려워지는 이유는 다양한 이론을 적절히 사용해 현실을 설명해주기 때문이다. 그런 의미에서 지금도 대화를 나누어보면 좋을 책이 많다.

예를 들어 2005년에 출간된 《카니발화하는 사회》는 '일상의 축제화'를 말한 책으로, 최근 문제인 '악플'이나 '스마트폰 의존' 같은 화제를 말할 때 참고가 된다. 2008년의 《서브컬처 일본의 신자유주의》도 그저 '마이너리티

탐구'나 하면서 뭐라도 논의한 듯이 우쭐대는 안타까운 사람들에게 읽으라고 하고 싶은 책이다.

스즈키 선생의 성실성은 이런 논의에 처방전을 낸다는 점에서 드러난다. 학자가 쓴 책은 대부분 문제 제기에서 끝나기 쉬운데, 그의 책은 그 너머의 가능성을 제시하려고 한다. 게다가 설교적이지도 않다.

스즈키 선생의 책을 다시 읽으며 내가 그에게서, 라디오 진행자인 '찰리'가 아니라 '스즈키 겐스케'에게서 생각 이상으로 많은 영향을 받았다는 것을 새삼 깨달았다.

내가 《희망 난민》에서 사용한 핵심 개념 '승인 공동체'는 《서브컬처 일본의 신자유주의》를 이어받은 것이다. 또 초기 저작들의 '불안정하고 유동하는 액체근대(liquid modernity)를 어떻게 살아갈 것인가' '이런 사회에서 어떤 공동체가 가능한가' 같은 문제의식은 내 관심 분야와 고스란히 겹친다.

스즈키 선생의 문제의식은 사회학적이며 실천적이다. 그것이야말로 스즈키 겐스케가 '찰리'인 이유다.

스즈키 겐스케 × 후루이치 노리토시

대상이나 수단을 선택하는 것이 사회학

후루이치 이때까지 등장한 분들에게 드린 것과 같은 질문부터 시작할 텐데요, 스즈키 선생은 학생들이 '사회학은 무엇입니까'라고 물으면 어떻게 설명합니까?

스즈키 내재적으로 답변하기보다 대학 오픈캠퍼스에 방문하러 오는 고등학생을 대상으로 설명하듯이 다른 학문과의 차이를 먼저 이야기해야 이해하기 쉬울 겁니다. 정치학이나 경제학은 설명하는 대상과 수단이 확실합니다. 정치학이라면 사람들이 권력을 둘러싸고 어떻게 움직이는지를 생각하고, 경제학이라면 미시적으로는 이익과 관계된 인간의 행동을 기본으로 두고 사안을 설명하려고 하죠. 그런데 어떤 분야에 관심은 있는데 구체적인 대상과 수단을 자유롭게 고르고 싶을 때가 있죠. 예를 들어 자신이 태어난 지역의 과소화(過疎化) 현상을 어떤 방법으로든 다루고 싶다고 해보지요. 그러기 위한 수단은 무수하게 많으니 그중에서 뭐든 선택할 수 있고, '어떻게든 손을 써보았다'라고 생각할 만한 상태도 무수하게 많겠죠. 관광지로 만들어 외지 손님이 잔뜩 오게 해서 지역을 활성화해야 할지도 모르고, 지역의 관계성을 농밀하게 함으로써 지역민 모두가 협력하고 지지하는 지역 사회를 재생해야 할지도 모릅니다. 그런 개별적인 관심에 좀 더 좋은 수단과 좀 더 좋은 목표를 선택해서 접근하는 것이 사회학입니다. 이렇게 말하겠어요.

후루이치 실제로 사회학부에 입학한 학생은 입학 전후로 사회학으로부터 받는 인상이 달라지나요? 상상했던 학부와 다르다거나 생각보다 어렵다거나.

스즈키 개별 대학마다 사정이 있으니까 일괄해서 말할 순 없는데, 제가 있는 대학에는 사회학 자체에 별로 관심은 없는데, 유명하기도 하고 취직도 잘될 것 같다는 이미지를 품고 들어오는 학생이 상당수 있습니다. 그렇지 않은 경우라면 '사회학을 배움으로써 세상을 다각적으로 바라볼 수 있게 되었다'라고 말하는 사람이 눈에 띕니다. 그러나 학생 대부분은 자신의 실존이나 사회 내부에서의 자기평가처럼 자신에 대한 관심이 강해서 사회학도 그런 질문에 대답하는 수단으로 삼고 있다는 인상을 받습니다.

사회학에 절대적인 교과서가 있는가

후루이치 이 책에 등장하는 사회학자 중에도 사회학을 선택한 동기가 개인의 실존과 이어진 분이 많은 것 같습니다. 이건 사회학 특유의 경향인가요?

스즈키 실존의 이유로 학문을 선택하는 사람은 어느 분야에나 있습니다. 그러나 실존적인 의문이 그대로 연구에 접속한다는 점이 사회학의 특수성 아닐까요? 가령 돈을 끔찍하게 사랑하는 사람이 경제학자가 되어도 경제학의 이론적인 전제는 뒤집어지지 않아요. 그런데 학창 시절에 이성에게 차여 괴로웠던 이유는 뭘까, 이런 실존적인 질문이 사회학에서는 그대로 젠더론과 접속합니다. 그만큼 한 사람 한 사람의 원인이 되는 내력이나 실존적인 관심이 그 사람의 주장에 미치는 영향이나 편견이 큽니다.

나쁘게 말하면 그런 점 때문에 사회학이 사이비 학문처럼 보이기도 해요. 다른 한편으로는 개개인의 개성이 살아 있는 학문이 되기도 하고요. 물론 완전하게 장인으로서 개인만의 예술은 아니고요, 열 명이 있으면 열 명이 같은 말을 하는 보편적인 측면과 그 사람에게만 보이는 사회를 널리 전달되는 말로 바꾸어간다는 특수한 측면, 이 두 가지 측면을 겸비한 것이 사회학의 특징이라고 생각합니다.

후루이치 그래서 연구의 폭도 넓어지는군요?

스즈키 그렇죠. 게다가 그런 다양한 연구를 체계적으로 정리하려는 사람도 없잖아요? 가끔 그런 사람이 있더라도 "네놈이 전부 설명하게 내버려 둘 것 같으냐"라고 지적하는 사람이 많은 것도 사회학의 재미입니다.

후루이치 그러면 '이것만 공부하면 사회학을 전부 알 수 있다'고 할 만한 책은 딱히 없겠네요. 그래도 파슨스나 루만은 체계적인 이론을 만들지 않았나요?

스즈키 아뇨. 그들은 사회 원리를 체계화해서 설명하려고 한 것이지 사회학의 체계를 설명한다고 볼 순 없어요.

후루이치 그렇군요. 역시 사회학의 전부를 설명한다는 것은 무리일까요?

스즈키 폭이 워낙 넓으니 전부를 감당할 수 없습니다. 그래도 한때 앤서니 기든스는 그와 아주 비슷한 작업을 했습니다. 실제로 기든스의 《사회학》이라는 교과서는 사회학의 다양한 연구 영역을 다 설명하고 싶다는 마음에서 시작한 책입니다.

후루이치 기든스는 뭐든 정리하려는 사람이군요.

스즈키 일본에 번역판도 나와 있지만 꼭 영어로 쓴 원서를 읽어보세요. 풀컬러고 영어 네이티브가 아닌 사람도 독자 대상으로 두고 쓴 책이어서 쉽게 읽을 수 있습니다. 책 구성도 친밀한 주제부터 시작해 기본 개념을 확실하게 설명합니다. 교과서로서 완성도가 아주 뛰어나고, 대충 살펴보기만 해도 재미있는 책입니다. 안타깝게도 일본에는 이런 수준의 사회학 교과서가 아예 없어요. 교과서라는 존재도 학술서보다 수준이 약간 아래인 책 정도로 생각하니까 학부생 대상으로는 좀처럼 사용하기 어렵죠. 도입 교육이 뒤떨어졌다는 생각을 부정할 수 없어요.

후루이치 일본에서는 기든스처럼 사회학 자체를 편집하는 사회학자가 없었나요?

스즈키 예전에는 괜찮게 체계화된 교과서가 그럭저럭 있었습니다. 그런데 전부 다 '재귀적 근대'나 '후기 근대'처럼 근대 사회학에 자주 등장하는 개념을 중심 논의로 삼는 이전 시대의 교과서니까 현대 사회를 설명할 때는 그다지 사용할 수 없어요. 최근 들어 하세가와 고이치(長谷川公一) 등 네 명이 함께 편집한 《사회학》이라는 책이 현대 사회도 설명해주었고 정리도 잘 되어서 평판도 좋은데, 망라성이 조금 약합니다. 예를 들어 계량조사기법도 다루지 않고 종교 주제도 다루지 않아요. 없는 것을 내놓으라는 격이지만, 가능하다면 경제학에서 사용하는 《맨큐 경제학》 정도 되는 절대적인 교과서가 있으면 그걸 발판으로 삼아 논의하기 쉬워질 겁니다.

후루이치 그럼 일본의 사회학 수업은 모두 다른 교과서를 사용해서 제각각 가르치고 있나요?

스즈키 현재 상태로는 그렇습니다.

후루이치 절대적인 교과서를 만들 수 없을까요?

스즈키 그게 쉽지 않아요. 고전인 베버, 뒤르켐부터 시작하려고 하면 쉽지 않고, '노동'이나 '이지메' 같은 주제 단위로 편집해도 그걸 전체적으로 어떤 스토리로 만들지 하는 문제가 되면, 기든스 정도로 다방면에 관심을 두고 학계에서도 권위가 있는 사람이 편집하지 않는 한, 절대적인 교과서가 되지 못할 겁니다.

공공사회학의 필연성

후루이치 교과서의 부재와 관계가 있을지도 모르겠는데, 사회학은 학자에 따라 연구하는 대상이 제각각이죠. 그래서 외부에서 보면 사회학자는 뭘 연구하는 사람인지 잘 안 보이는 부분이 있는 것 같아요.

스즈키 그 논의를 정리하는 편이 좋겠어요. 미국사회학회 회장을 역임한 마이클 부라보이(Michael Burawoy)가 2004년 학회 강연에서 이런 이야기를 했습니다. 그는 먼저 사회학을 규정하려고 두 가지 기준을 설정했습니다. 하나는 '학자 집단을 위해/학자 이외의 집단을 위해'라는 기준, 다른 하나는 '테크니컬한 절차적 지식/목적이나 가치를 묻는 반성적 지식'이라는 기준입니다.

　　　　　　　　　　　　　　　스즈키 겐스케 × 후루이치 노리토시

그러고 나서 이 두 가지를 합쳐서 다음 네 가지 유형으로 사회학을
나눴습니다.

· 전문 사회학: 학자 집단을 위해 테크니컬한 지식을 사용한다.

· 정책사회학: 학자 외의 집단을 위해 테크니컬한 지식을 사용한다.

· 비판사회학: 학자 집단을 위해 반성적인 지식을 사용한다.

· 공공사회학: 학자 외의 집단을 위해 사회학이 지닌 가치를 묻는 지
  식을 사용한다.

이렇게 분류한 뒤, 앞으로 사회학에는 공공사회학(public sociology)
이 필요하다고 주장했습니다. 공공사회학이 무엇인가 하면, 일반인
들에게 인지되는 실천을 말합니다. 다른 말로 하면 현실 사회를 적
절히 설명하는 이론이나 경험적 연구를 이용해서 강의나 매체 노출
이라는 형태로 아웃풋하는 것입니다. 이 결과물의 수신자는 학생이
나 지역 사회, 종교 교단을 포함한 공공 영역이죠. 부라보이는 원래
노동을 연구하던 사람이어서 특히 신자유주의로 피해를 입은 사람
들, 일본으로 말하면 불안정 고용 상태에 놓인 사람들을 위해 사회
학 지식을 좀 더 공적으로 사용해야 한다고 말했어요.

후루이치 맞는 말이라고 생각하는데, 반론이 있었나요?

스즈키 세계적으로 굉장한 논쟁이 벌어졌어요. 그런데 부라보이에

게 퍼부어진 비판 대부분은 말꼬리 잡기에 불과했고, 그걸 제외하면 공공사회학이 필요하지 않다고 말한 사람은 적었어요. 그야 당연합니다. 학문은 사회에 환원하는 것이니까요. 다만 중요한 점은 공공사회학을 독립해서 분리해도 괜찮은가 하는 문제입니다. 예를 들어 전문 사회학과 공공사회학을 각각 다른 사람이 분업해서 '공공사회학 전문가'가 담당하는 형태로 이해하는 것이 타당한가, 자신이 제대로 된 연구를 하지 않고 타인의 연구 결과를 사회에 환원할 뿐인 사람은 학문적으로 신뢰할 수 있는가 하는 문제이지요. 당연히 신뢰성이 흔들릴 겁니다. 그래도 이 문제에 대한 제 의견은 확실해서요, 이러한 분업은 타당할 뿐만 아니라 '필요하다'고 말하고 싶어요. 이유를 세 가지쯤 들 수 있습니다.

첫째, 사회학은 원래 자신의 지식을 사회로 되돌리라고 요구되는 학문이라는 점. 둘째, 이건 학계 사정인데 엄밀한 절차로 연구하는 전문 사회학은 하려면 시간과 돈이 필요하다는 점입니다. 그런데 공적인 연구비 하나를 놓고 봐도 도쿄대학과 교토대학에 중점적으로 배분되니까 소속 대학이 어디냐에 따라 연구 자원에 격차가 생깁니다. 그러므로 대규모 계량조사를 하려면 그에 합당한 대학에 소속되거나 그런 사람들과 연줄이 없으면 안 됩니다.

후루이치 예산이 풍족한 대학에 소속하지 않으면 전문 사회학을 할 수 없다는 뜻인가요?

스즈키 그런 경향이 실제로 있습니다. 혹은 대학에 따라 연구를 지원하려는 태도도 달라서, 학생 교육이나 좀 더 적나라하게 말해 '뒷바라지'에 시간을 꽤 투자해야 하는 교원도 많아요. 많은 예산이 필요한 엄밀한 연구를 하지 않는 것은 사회학이라고 할 수 없다고 하면 너무 권위주의적인 발상이고요. 학생과 함께 대학 인근을 조사해 지역 과제를 발견하고 해결하거나, 학생이나 지역 사람들에게 자기 자신을 깊이 이해할 수 있게 지식을 제공하는, 실로 공공사회학이라고 일컬을 만한 활동을 하는 사람도 아주 많아요. 사회학의 가치는 외국 저널에 게재한 논문이 몇 편인지 하는 지수만으로 측정할 수 없습니다.

세 번째 이유는 알기 쉬운데, 이제는 연구의 폭이 점점 넓어지고 있어서 자신의 전문 분야를 추구하면서 동시에 다양한 분야를 평균적으로 아는 사람이 존재하기가 불가능합니다. 그렇기에 대략적이라도 좋으니 사회학이라는 큰 틀에서 연구 성과를 파악하며 활동하는 사람이 없는 한, 점차 개별 분야로 잘게 나뉘고 1인용화할 겁니다.

후루이치 사회학의 전체상을 전망하면서 세상에 설명하는 일이 필요해지는군요.

스즈키 그렇습니다. 그러므로 지금 꼽은 이유에 따라서 공공사회학을 전문으로 하는 사람을 상정해도 좋다고 생각합니다.

후루이치 어떤 사람이 공공사회학을 담당하면 좋을까요?

스즈키 사회학자라고 칭해지는 사람이 아니면 공공사회학을 할 수 없는지는 미묘한 문제입니다. 내 입장은 한정하지 않아도 괜찮다는 쪽이에요. 사회학은 사안을 보는 견지나 사고방식 수준에서 '사회학다움'이 있으니까 정치학에서도 경제학에서도 사회학적인 사고를 사용해 공공으로 되돌리는 일이 있어도 괜찮을 테고, 적극적으로 그렇게 해주면 좋겠습니다.

아니면 저널리스트라도 물론 좋겠지요. 예를 들어 미국 사회 분석으로 알려진 바버라 에런라이크(Barbara Ehrenreich)처럼 사회학의 견지에서 다양한 저서를 발표하는 저널리스트도 세상에 아주 많아요.

후루이치 에런라이크는 《마녀·산파·간호사》 같은 역사 연구부터 《긍정의 배신》 같은 현대 비판까지, 마치 사회학자 같은 일을 많이 했죠. 그런데 범위를 넓히게 되면 사회학이 무엇인지 잘 안 보이지 않을까요?

스즈키 그렇죠. 그러니 사회학자라고 이름을 대면서 공공사회학의 중심을 담당하는 사람이 있는 편이 사회에도, 사회학 업계에도 좋지 않을까요?

후루이치 그래도 사회학계에서 보면 역시 공공사회학을 내세우는 사람은 외부자 취급을 받을 것 같은데요.

스즈키 그야 사회학뿐만 아니라 어느 학문이든 '탤런트 학자'를 보는 내부의 시선이 좋았던 적이 없습니다. 이유는 두 가지입니다. 하나는 '저 녀석, 튀고 싶어 하네?' 하는 시샘, 다른 하나는 탤런트 학자의 지견이 최종판으로 업데이트되지 않은 경우가 제법 있어서 개별 전문가가 보기에 꼬투리를 잡고 싶어진다는 점입니다. 공공사회학을 담당한 이상, 그런 소리를 듣는 것은 당연하다고 자각하는 수밖에 없어요. 약간의 시샘은 어쩔 수 없고 지적인 비판 또한 있어야겠죠. 하지만 공공사회학 학자를 사회학 업계 사람이 무너뜨리려고 하면 모두 자멸할 뿐이니까 그만두었으면 해요. 사회학자로서 사회학의 매력을 외부로 발신하는 사람과 전문 연구를 하는 사람 사이에 제대로 비판적인 대화를 나누는 편이 사회학과 사회의 관계에 플러스가 됩니다.

사회학을 형성한 두 가지 흐름

후루이치 다른 학문도 연구 성과를 사회에 환원할 필요가 있죠. 사회학이 사회에 지식을 되돌릴 경우에 다른 학문과 비교해서 그 방법에 어떤 차이가 있나요?

스즈키 중요한 질문입니다. 그건 사회학이 어떤 학문인지와 관련이 깊어요. 오구마 에이지 선생도 말했는데, 원래 사회학은 요즘 말하는 신(新) 영역처럼 모호한 학문입니다. 사회학의 창시자라 불리는 콩트도 모든 학문을 종합해서 사회 전체를 설명하는 체계를 만들겠다는 식으로 사회학을 말했어요. 그래서 학문으로서 사회학의 정체성에는 항상 흔들림이 있습니다.

구체적으로 어떻게 흔들리느냐 하면, 한쪽에서는 대학에 사회학 강좌를 두고 학회지를 발행하면서 사회학의 독자적인 규칙이나 과학으로서의 자유성을 강조하는 흐름이 있습니다. 사회학을 단정하고 과학적인 학문으로 만들고 싶은 욕구입니다. 그런데 다른 한쪽에는 그렇게 학문으로서 내향적으로 폐쇄되어 내부자끼리만 아는 어휘로만 연구하는 것을 비판하는 흐름도 늘 있어왔습니다.

대표적인 예가 파슨스의 구조기능주의라는 이론을 '과대 이론'이라고 비판하며 학문의 관료제화에 저항하려고 한 찰스 라이트 밀스입니다.

자기비판의 흐름이 왜 생겼는가 하면, 사회학에는 근대화라는 커다란 사회 변동 메커니즘과 그것이 사람들에게 미치는 영향을 밝히려는 동기가 있기 때문입니다. 즉 학문의 탄생부터 사회와 관계가 깊어요.

후루이치 처음부터 사회와 연결되어 있기에 내부로 틀어박히는 것에 비판적이군요.

스즈키 그렇습니다. 정리하면, 과학적인 학문을 목표로 하는 흐름과 그 폐쇄성을 지적하는 흐름, 사회학의 역사에서 이 두 가지 트렌드가 다퉈왔습니다. 이것이 전문 사회학과 공공사회학의 원류입니다. 지금 일본을 생각하면 인문 계열의 형세가 좋지 않은 탓도 있어서 과학으로서 프로페셔널이 되려는 경향이 아무래도 더 많이 보입니다. 대학에 학부가 살아남는 것도 어려운 상황에서 공공사회학이니 뭐니 말할 상황이 아니라면서요.

후루이치 일단 자기들이 살아남느라 필사적이니까요.(웃음)

스즈키 그래도 그런 전문성에 틀어박히지 않는 것이야말로 다른 학문과 다른, 사회학이 사회학인 근거입니다. 그럼 이 두 가지 흐름을 어떻게 조정해야 할까, 이때 아까 이름이 등장한 기든스의 《사회학적 방법의 새로운 기준(New Rules of Sociological Method)》이 참고가 됩니다. 그는 사회구조는 사람들의 행동의 조건인 동시에 행동의 결과이기도 하다고 말했습니다. 이를 '구조의 이중성'이라고 합니다. 간단하게 설명하면 사람이 사회를 만들고 사회가 사람을 만드는 식으로 순환하는 관계가 항상 있다는 것이지요. 그러면 사회학자 역시 그 순환 안에 들어 있지, 그 외부에는 서지 않죠. 예를 들어 후루이치 씨가 《아이는 국가가 키워라》라는 책을 내서 유아교육 정책이 달라지면 그 결과로 부모의 행동도 달라집니다.

그렇게 순환하는 관계를 인지하고, 사회학자는 두 가지 일을 해야 한다고 기든스는 말했습니다.

하나, 다른 생활양식의 해석학적 해명과 매개. 표현이 좀 어려운데 알기 쉽게 예를 들면, 종일 스마트폰으로 소셜미디어에 접속해서 자기 글에 어떤 반응이 있는지 확인하는 사람이 생각하는 바를 다른 생활양식으로 사는 사람, 즉 그런 행동을 하지 않는 사람은 전혀 이해할 수 없죠. 때로는 당사자도 의식하지 않는 부분까지 해석하고 설명해서 생활양식이 다른 사람들에게 매개하는 것이 사회학자의 역할입니다.

다른 하나는 인간이 완수한 사회의 생산과 재생산의 해명. 이것도 좀 어려운데 예를 들어 글로벌화로 이러한 일이 일어났다거나, 재귀적 근대화란 이런 것이라거나 하는 식으로 인간과 사회의 순환 관계 안에서 일어나는 커다란 세계 동향을 설명하는 것이라고 생각하면 됩니다.

이것을 제 식으로 바꿔 말하면 인터넷이나 가족, 지역, 젠더 같은 개별 사상의 기술(記述) 그리고 글로벌화, 재귀적 근대라는 비교적 일반화된 설명 사이를 왕복하는 것이 사회학입니다. 《카니발화하는 사회》를 비롯한 제 저서도 기본적으로 그런 기술 구조입니다.

사회학의 성과를 어떻게 사회에 환원할 것인가

후루이치 사회학자는 지금 말씀하신 이야기를 전제로 하고서 사회에 제언할 필요가 있다는 뜻이군요.

스즈키 그렇습니다. 지금 우리는 후기 근대니 재귀적 근대니 하는 극심한 사회 변동 한가운데에 있지 않습니까? 그 안에서 일자리가 없고 가족이 없어서 살기 어렵고 불안해하는 사람이 있습니다. 그런 문제는 예전처럼 종신고용으로 돌려야 한다, 가족이 소중하다고 말한다고 해결되지 않아요. 그렇다면 그걸 대신할 노동 방식이나 생활양식을 모색해야 합니다. 사회학자의 일에는 그런 규범적인 제언을 사회에 던지는 것도 포함됩니다.

예를 들어 경제학이 처방전을 내는 방식은 '디플레이션에서 탈출하고 싶다면 리플레이션이다'처럼 '만약 ~하다면 ~하라' 같은 조건부 처방전입니다. 그러나 그 이전에 사람들이 어떻게 하고 싶은가 하는 문제는 해석학적으로 접근하지 않으면 보이지 않습니다. 그러므로 사회학으로만 수습할 수 있는 불안이나 사회 문제가 있고, 그 지식을 세상 사람들이 받아들이도록 하는 일을 할 사람이 필요하다고 절실하게 느낍니다.

후루이치 사회 변동과 규범을 나눌 수 없는 이상 객관적으로 알고 있는 것만을 사회에 되돌리는 것에는 한계가 있으니, 그것만이 아니라 '이렇게 살면 좋다' 아니면 '이런 사회를 만들어야 좋다' 같은 규범적인 제언도 사회에 환원하는 것이 사회학만이 할 수 있는 공헌이라는 뜻이죠?

스즈키 그렇습니다. 사회 변동이 크므로 사회학의 성과나 자원은 좀 더 공공적으로 살려야 합니다. 그런 일은 앞으로 늘어갈 것이고, 사회학이 학문으로서 살아남고자 한다면 여기에 적극적으로 관여해야 합니다.

현실을 피부 감각으로 이해하기

후루이치 지금 말씀하신 일을 할 수 있는 사회학자가 현실에 있을까요?

스즈키 필요하다는 이야기와 그걸 할 수 있는 사람이 있는지는 다른 이야기죠. 지금까지 이 대담에 등장한 사회학자는 대부분 50대나 60대, 말하자면 제2의 근대와 재귀적 근대가 가져오는 불안을 이론으로는 당연히 알지만 피부 감각으로 느끼지 못하는 사람들 아닙니까? 즉 해석학적인 이해라는 점에서 설명을 들으면 알 수는 있지만 자신이 그 안으로 접근할 수 있을 정도로 현실성을 지니지는 못한다고 생각합니다.

스즈키 겐스케 × 후루이치 노리토시

그래도 지금 40대 전후 세대라면 무언가에 불안을 느끼고 거기에 어떤 해석학적인 해명이 필요하다는 것을 피부로 딱 알고 있어요. 그렇기에 앞으로 공공사회학을 담당하는 것은 중년부터 청년 사회학자에게 주어진 일입니다. 상황에 따라 사회학 대학원을 나와 일반 기업에 취직한 사람 중에서 나올지도 모르죠.

후루이치 공공사회학을 담당하려면 현실을 피부 감각으로 이해하는 것이 아주 중요하군요.

스즈키 그러지 않으면 해석학적인 접근이 불가능하니까요. 해석학적으로 접근할 때, 첫걸음은 피부 감각을 동반한 당사자로서의 리얼리티가 반드시 필요합니다. 후루이치 씨의 《희망 난민》을 읽었을 때, 이 사람은 접근하는 방식이 독특하다고 생각했고 앞으로도 재미있는 일을 하리라고 대번에 감지했어요. 그래서 내가 메인 진행자로 있는 방송에 냉큼 초대했죠.

후루이치 그런데 자신이 현실성을 느끼는 분야는 한정적이지 않나요? 처음에는 피부 감각을 느껴 접근해도 주제가 달라지면 제대로 접근하지 못하는 경우도 있을 것 같아요.

스즈키 저도 그렇게 생각합니다. 센스라고 말하면 오해할 수 있는데, 사회학적인 접근 패턴에 익숙한 사람이라면 자신이 리얼리티를 느끼는 분야가 아니라도 접근을 잘하고 있는지 아닌지 판단할 수 있을 겁니다. 그렇게 접근하는 방식을 제시하는 책이 요즘은 부족

해요. 나는 미야다이 신지 선생의 책에서 그 사고나 연구 내용 이상으로 현장에 접근하는 방법 패턴을 배웠습니다. 그러니까 어떤 사안이 있을 때 이렇게 접근해서 이렇게 해석한다는 타이밍을 미야다이 선생의 책에서 많이 배웠어요.

후루이치 요즘은 왜 그런 책이 줄어들었을까요?

스즈키 없진 않은데 접근하는 방식이 졸렬하거나 반대로 너무 전문성에 치우쳐서, 아직 더 접근할 수 있는데 억제하는 것처럼 보입니다. 젊은 사회학자의 취직이 쉽지 않아서 과감한 시도를 하기 어려운 배경이 있지 않을까요.

후루이치 억제하면 결국 재미없는 책이 되죠. 그래도 이거야말로 제 피부 감각으로 하는 소리인데, 최근 들어 사회학자가 점점 내향적이 되는 것 같아요.

스즈키 뭐, 이쯤에서 결론 비슷한 소리를 하자면 그렇기에 후루이치 씨가 공공사회학을 담당하는 사회학자로서 입지를 좀 더 살렸으면 좋겠습니다. 대담을 나눈 다른 사회학자 여러분은 후루이치 씨에게 마음이 시키는 대로 하라고 말하는 느낌이었지만요.(웃음)

후루이치 워낙 대가이신 분들이 많았으니까요. 어떻게든 공공사회학에 공헌하려면 앞으로 어떻게 해야 할까요?

스즈키 사회학계와 외부와의 연결을 좀 더 강하게 하면 됩니다. 예를 들어 전문적인 사회학 쪽에서 "사회학을 좀 더 공부해!"라고 비판하더라도 도망치지 말고 정면에서 받아들이고, 그런 공부를 바탕으로 아이돌이나 배우와도 대담하는 '경계인'이라는 역할을 의식적으로 받아들이는 것입니다. 물론 프로 사회학자들도 후루이치 씨를 더 이용해야 하고요.

후루이치 저도 정말 그렇게 생각해요. 저를 더 이용해도 되는데.

스즈키 최근 몇 년 동안 텔레비전 버라이어티 방송에 나올 뿐만 아니라 정권에 불려가고, 총리 부인과도 사이가 좋고, 회담의 로고를 선택하는 일을 하는 사회학자는 없었으니까요.(웃음)* 그런 수준에서 공공의 영역에 접속할 수 있는 사회학자라고 여겨지는 인물이 사회학을 사회에 좀 더 올바르게 침투시키는 방향으로 이용할 필요성이 있습니다.

---

*   후루이치 노리토시는 2015년 G7 정상회담의 로고 선정위원으로 참여했다.

9

하시즈메 다이사부로 선생에게
'사회는 무엇인가'를 묻다

하시즈메 다이사부로 橋爪大三郎

1948년 가나가와 현에서 태어났다. 도쿄대학 대학원 사회학연구과 박사 과정을 마쳤다. 1995-2013년 도쿄공업대학 교수로 재직했다. 전문은 이론사회학, 종교사회학, 현대사회학 등이다. 한국에서 출간된 저서로 《세계는 종교로 움직인다》가 있고, 그 밖의 저서로 《첫 번째 구조주의》《언어 게임과 사회 이론》《성애론》《세계를 이해하는 종교사회학 입문》《전쟁의 사회학》《신비한 기독교》(공저) 등 다수가 있다.

《하시즈메 다이사부로의 사회학 강의》에 실린 사회학에 대한 설명은 정말 이해하기가 쉽다. 이 책을 참고해서 학생들에게 사회학을 설명하는 사회학자도 많을 것이다.

하시즈메 선생에 따르면 사회학은 말 그대로 '사회'를 연구하는 학문이다. 그런데 그런 학문은 많다. 사회학과 그 외의 학문은 어떻게 다를까. 정치학은 정부의 행동을 연구하는 학문, 법학은 재판소의 행동을 연구하는 학문이라고 볼 수 있다. 이렇게 사회 일부에 주목하는 것이 아니라 사회 전체를 연구하는 것이 사회학이다.

이에 더해 하시즈메 선생은 사회를 '인간과 인간의 관계'라고 했다. 그런데 관계는 눈에 보이지 않는다. 이 버거운 대상과 격투하는 것이 바로 사회학이다.

그런데 사회학의 역사는 한 세기 남짓이다. 그런 의미에서 완성된 학문이라기보다 '사안을 보는 견지'라고 해야 할 것이다. 그렇지만 사회학이 할 수 있는 일은 많다. 사회는 인간 행위의 산물이므로 언제든 대안적으로 존재할 것이다. 하시즈메 선생에 따르면 '사회가 현재와 다를 수 있다는 사실을 가장 쉽게 믿는 것이 사회학자'다.

하시즈메 선생은 이와 같은 자신의 설명을 실천하려는 듯 다양한 사회 연구를 진행해왔다. 종교, 교육, 전쟁 등 다루는 영역이 넓다. 그리고 하시즈메 선생의 저서에는 입문서가 많다. 초기 대표작인 《첫 번째 구조주의》를 비롯해 《세계를 이해하는 종교사회학 입문》, 《전쟁의 사회학》 등은 한 권만 읽어도 그 분야의 개요를 이해할 수 있는 친절한 책이다. 그렇게 친절한 이유는 하시즈메 선생의 책이 '훌륭한 가독성'을 중시하기 때문이다.

초기 논문집인 《불교의 언설 전략》에서 하시즈메 선생은 본인이 목표로 하는 방식은 모델을 제시하는 것이라고 밝힌 후, "신비로운 현상이 눈에 보이면 그것을 간단하게 설명할 수 있는 모델을 어떻게든 발견하고 싶다"라고 언급했다. 그래서 어떤 주제든 하시즈메 선생이 건드리면 이해하기 쉬워진다. 그런 의미에서 입문서와 본격적인 서적이라는 정체성이 양립한다.

하시즈메 선생과는 이번 대담으로 처음 만났다. 어떤 질문을 해도 금방 예리한 대답이 돌아왔다. 그의 예리함에 압도되어 사회를 연구 대상으로 삼는 것이 나쁘지 않다고 다시금 생각했다.

하시즈메 다이사부로 × 후루이치 노리토시

사회학이 무엇인지 묻기 전에 사회가 무엇인지 물어야 한다

후루이치 이 책에서는 사회학자 여러분께 '사회학은 무엇입니까'라는 질문을 드립니다. 하시즈메 선생은 이 질문을 받으면 어떻게 대답하시나요?

하시즈메 사회학은 붕 뜬 학문이라는 소리를 자주 듣습니다. 그런데 왜 붕 떴는가 하면, 사회학이 무엇이냐는 질문보다 좀 더 본질적인 '사회란 무엇인가'라는 질문을 건너뛰었기 때문이죠.

후루이치 그렇군요. 그럼 다시 질문을 드리겠습니다. 사회란 무엇인가요?

하시즈메 그건 다들 알고 있을 겁니다. 그야 다들 사회에서 살고 있으니까.

후루이치 그러고 보면 '사회'는 일상적으로 사용하는 단어죠. '일본 사회'라는 말도 하니까요. 그럼 일상어로 사용하는 '사회'와 사회학자가 사용하는 '사회'는 거의 일치한다고 생각해도 되나요?

하시즈메 같지 않으면 사회라고 부르지 못하죠. 똑같아야 합니다. 다만 일반인들은 사회라는 단어를 배우고 사회에서 살기 시작하더라도 사회에 관해서 딱히 그 이상으로 깊이 추상적으로 생각하지 않고 평생을 살 수 있어요.

후루이치 그건 그렇죠. 단어는 알고 있어도 '사회는 뭐지?'라는 의문은 평범한 일상생활에서 좀처럼 나오지 않으니까요.

하시즈메 의문이 없더라도 살아 있는 이상 차츰 답을 알게 됩니다. 그러나 한 사람이 체험할 수 있는 범위는 작은 데 반해서 사회는 그보다 훨씬 크죠. 그래서 자신의 체험을 '뛰어넘는' 것으로서 사회는 모르지요.

후루이치 사회의 전모를 파악할 수는 없다는 뜻인가요?

하시즈메 파악하지 못합니다. 모두의 체험이 모인 전체를 사회라고 불러도 좋지만, 평범하게 살면 그 전체를 모릅니다. 그럼 전체를 보는 사람이 누가 있을까요? 사회학자가 그것을 알고 있습니다.

하시즈메 다이사부로 × 후루이치 노리토시

사회과학과 동시에 사회가 탄생했다

후루이치 연구 대상으로서 사회는 언제 탄생했을까요?

하시즈메 사회과학의 탄생과 같은 시기입니다. 사회과학이란 정치학, 경제학, 사회학을 아우른 이름입니다. 맨 처음 생긴 것은 정치학입니다. 정부란 무엇일까, 정부가 법률을 만들었다고 해서 왜 모두가 따르지 않으면 안 될까, 이런 문제를 다 함께 생각했어요. 그걸 모아서 정치학이라고 부릅니다. 다음으로 시장이 점차 일반화되면서 경제학이 생겼어요. 정치학과 경제학이 생긴 뒤 정치학도 경제학도 다루지 않는 '사회'가 있다는 이야기가 나와서 사회 전체를 고찰하는 사회학이 탄생했습니다. 이렇게 일련의 학문이 생기고 그 총편으로서 사회를 과학적으로 연구하는 '사회과학'이라는 단어가 생겼습니다.

과학은 대상이 없으면 성립하지 않습니다. 대상이 없는데 과학을 할 수 없어요. 그래서 사회를 과학적으로 생각하려는 사람이 있는 것과 과학적인 연구의 대상으로서 사회가 있다는 신념은 동시에 성립했습니다. 이때 '사회'라는 개념이 탄생했지요.

후루이치 정치학도 경제학도 사회를 대상으로 하는군요.

하시즈메 그래요. 정치학은 사회 안의 정치를 대상으로 하고 경제학은 사회 안의 경제를 대상으로 합니다. 남은 것이 무엇인가 하면 도시, 농촌, 공동체, 종교 가족, 범죄……, 이렇게 얼마든지 나옵니다. 그 하나하나를 학문으로 만들려면 힘드니까 나머지는 사회학으로 삼았죠. 이렇게 해서 사회과학은 사회를 전부 다루게 되었습니다.

후루이치 그런데요, 가족학이나 도시학 같은 다양한 학문 분야가 성립해도 좋았을 텐데 왜 전부를 보려는 발상이 생겼을까요?

하시즈메 전체를 본다고 생각하고 싶으니까 그렇지요.

후루이치 그건 일반인들의 욕망인가요?

하시즈메 그렇습니다. 누군가가 사회 전체를 봐줬으면 좋겠다, 그 작업을 사회학자가 한다, 그렇게 생각하며 모두 안심하는 것입니다.

집고양이와 길고양이

후루이치 실제로 사회학자는 사회 전체를 보고 있을까요?

하시즈메 그러지 못합니다.

후루이치 원래 볼 수 없는 건가요, 아니면 사회학자의 태만인가요?

하시즈메 태만이라기보다 습관이죠.

후루이치 습관이요?

하시즈메 사회학자는 사회학자라는 사회 안에서 살아갈 수밖에 없

하시즈메 다이사부로 × 후루이치 노리토시

으니까요.

후루이치 사회학자의 사회라니, 예를 들면 학회인가요?

하시즈메 좁은 의미로는 학회가 되는데, 아카데미즘 안에서 사는 사회학자의 집합입니다. 이게 아주 작아요. 그 집합 내의 정규 거주민이 되어서 멍청이 취급을 당하지 않고 존경을 받고 월급을 받으며 평생 사는 것이 사회학자라면, 사회를 과학적으로 고찰하는 것은 필요조건도 아니고 충분조건도 아니에요. 실제 사회로 나가지 않고서 오로지 대학만 아는 사람이 사회학자의 절반 이상이죠.(웃음)

후루이치 그래도 괜찮을까요? 어쩔 수 없는 문제려나요.

하시즈메 어쩔 수 없지만 좋다곤 할 수 없어요.

후루이치 그럼 본래 의미에서 사회학자라고 할 수 있는 사람은 대학에 자리를 얻은 사회학자가 아니라 다른 직함을 갖고 일할 가능성도 있겠네요?

하시즈메 그렇습니다. 그런데 그런 사람은 본업이 있으니까 바빠요. 바쁘니까 사회학까지 보통은 못 합니다. 그런데 드물게 뛰어난 재능을 갖고 태어난 사람이 사회학자라고 간판을 내걸지 않고서도 실질적으로는 사회학을 하는 경우가 있습니다.

후루이치 예를 들면 누가 있을까요?

하시즈메 일본에서 찾으면 야마모토 시치헤이,* 고무로 나오키, 고바야시 히데오,** 요시모토 다카아키 같은 사람입니다.

후루이치 대학에 소속한 사회학자는 그런 분들에게 진 건가요?

하시즈메 이기고 지는 문제는 아니죠. 집고양이와 길고양이의 관계에 가까워요.

후루이치 아하. 그렇다면 양쪽 다 존재해도 괜찮다는 거네요.

하시즈메 집고양이가 있다고 해서 길고양이는 필요 없다고 할 순 없죠.(웃음)

후루이치 길고양이라, 재미있을 것 같아요, 자유롭고.

하시즈메 그렇지만 그리 추천하고 싶진 않군요. 먹이가 있을지 없을지 모르니까.

후루이치 하긴, 집고양이에 어울리는 고양이도 있으니까요.

하시즈메 고양이는 보통 다 그래요.

후루이치 그래도 길고양이가 훨씬 즐거워 보여요.

하시즈메 그렇게 생각하는 사람이라면 길고양이가 되면 좋겠군요.(웃음)

---

* 山本七平, 1921-1991, 평론가이자 작가이며, 야마모토서점 출판사를 통해 성서 관련 서적 등을 출판한 경영인.

** 小林秀雄, 1902-1983, 문예평론가이자 편집자, 작가. 일본 문예평론의 창립자로 여겨진다.

하시즈메 다이사부로 × 후루이치 노리토시

사회를 배우기 위해 제일 좋은 학문은 사회학이 아니다

후루이치 전문적인 트레이닝을 쌓지 않아도 길고양이 사회학자가
될 수 있다면, 대학원에서 사회학 문헌을 읽고 세미나에 참여하고
논문을 쓰는 것에는 어떤 의미가 있을까요?

하시즈메 학문에는 관습이 있습니다. 학문은 대상보다도 방법으로
정해져요. 예를 들어 사회학자가 아니면 잘 하지 않는 것 중에 설문
조사와 매크로데이터(인구통계, 직업통계, 범죄통계 등) 분석이 있어요.
사회학자가 되려면 실증 계열인 사람은 보통 그런 훈련을 받고, 직
접 실증하지 않는 사람이라도 실증 계열이 쓴 논문을 읽어야 하니
까 사회조사나 매크로데이터가 무엇인지 알아두어야 하죠. 그게 관
습입니다.

그리고 또 다른 공동 규칙으로 사회학자라면 당연히 읽어야 하는
고전이 있어요. 그걸 읽으면 사고나 어휘에 공통 항목이 생기니까
토론할 수 있게 되죠. 이를 바꿔 말하면 업계 용어(jargon)를 알고
있으면 헛소리를 해도 문외한이 되지 않는 대피소 기능도 한다는
것인데, 어쨌든 그게 프로의 증거입니다.

후루이치 사회학의 관습을 대학이나 대학원에서 배우면 도움이 되
나요?

하시즈메 그야 도움이 됩니다. 아니, 그것조차 하지 않으면 그냥 문

외한일 뿐이니까 무슨 소리를 해도 엉망진창이 되고 말아요. 그래도 관습을 지키면 그 사람이 하는 말이 거짓말은 아니게 되고 제삼자가 이용할 가능성이 나와요. 그런 의미에서 도움이 되니까 공동작업이 가능해지고 사회학이라는 학문이 기능합니다.

후루이치 그런데 하시즈메 선생의《재미있어서 잠들지 못하는 사회학》이라는 책은 업계 용어를 거의 사용하지 않고 고전에 기대지도 않으면서 이 사회를 설명하려고 했다는 인상을 받았어요.

하시즈메 업계 용어를 사용하지 않았지만 고전의 도움은 받았습니다. 나 혼자 생각한 것은 절대 아니에요.

후루이치 그래도 일반적인 사회학 교과서와 아주 달랐어요.

하시즈메 어디가 달랐죠?

후루이치 예를 들어 입문서나 교과서의 일반적인 형식은 베버가 이랬다 뒤르켐은 저랬다. 과거의 유명한 사회학자가 무엇을 했는지 설명하잖아요.

하시즈메 아아, 그래요. 고전을 읽는 것이 사회학의 관습이니까 그렇게 되죠.

후루이치 그런데 하시즈메 선생의 입문서는 좀 더 현실적이라고 할까요? 헌법, 자본주의, 가족, 결혼 같은 구체적인 주제에 맞춰서 현실의 사례를 거론하며 설명한 점이 인상적이었습니다.

하시즈메 호오, 꼼꼼히 읽었나 봅니다. 지금 이 이야기는 오늘 대화에서 맨 처음에 한 이야기와 연결됩니다.

후루이치 무슨 말씀이죠?

하시즈메 사회학이 무엇인가를 생각하기 이전에 사회를 생각하는 것이 첫걸음이라고 했지요. 그 후에야 '사회학은 무엇인가?'라는 공부가 있습니다.

후루이치 그 말씀은 사회를 연구하기 위해 가장 좋은 방법이 반드시 사회학은 아니라는 건가요?

하시즈메 그래요. 나는 진심으로 그렇게 생각해요.

후루이치 호오!

하시즈메 왜냐하면 사회라는 전체 중에서 정치, 경제, 법률 같은 좋은 분야는 선점됐잖아요? 그걸 제한 나머지가 사회학이라면, 나머지를 긁어모은다고 사회 전체가 될까요?

후루이치 아, 남은 것만 공부해서는 안 된다는 뜻이군요?

하시즈메 그렇습니다. 사회학을 배우려면 남은 것을 공부해야 합니다. 그렇지만 그 나머지를 공부한다고 해서 끝이라고 생각하면 안 돼요.

후루이치 정치, 경제나 법률을 동시에 공부해야 한다는 말씀이죠?

하시즈메 그게 사회의 얼개니까요. 그런 지식이 없으면 사회를 알 수 없어요.

후루이치 그래서 나머지만 가르치는 것이 아니라 우선 구체적인 사회를 가르치는 거군요.

하시즈메 그래요. 내 독자 중에 사회학자가 되려는 사람은 지극히 소수이고, 대부분은 건전한 사회인이 되고 싶거나 사회를 알고서 훌륭한 인생을 살려는 사람들이에요. 사회학자를 육성하려는 책이 아니니까 일단은 사회의 가장 중요한 것부터 가르칩니다.

사회학자는 경계를 초월한다

후루이치 하시즈메 선생은 왜 사회학을 배우려고 하셨나요?

하시즈메 고등학생 때 대학에 간다면 어떤 학과가 좋을지 조사하다가 사회학을 발견했습니다. 사회를 사는 것과 사회를 생각하는 것을 동시에 할 수 있겠다, 한 번 사는 인생이 두 번 재미있어지겠다, 이건 나를 위한 학문이지 않을까, 이렇게 생각했죠.

후루이치 고등학생 때 사회학 관련 책을 읽고 그 설명에 푹 빠진 건가요?

하시즈메 그렇습니다. 도서관 서가는 일본 십진분류법에 따라 책이 꽂혀 있죠. 그걸 순서대로 봤어요. 사회심리학이 재미있을 것 같아서 봤더니 당시 나한테는 쉬웠죠.(웃음) 그다음에 있는 사회학을 봤더니 꽤 수준이 있어 보였어요. 그래서 도쿄대출판회에서 나온 《강좌 사회학》이라는 시리즈 열 권을 전부 읽었지요.

후루이치 고등학생 때요?

하시즈메 네. 지금 생각하면 도쿄대출판회에서 나온 책이니까 당연한데, 저자가 거의 다 도쿄대학의 사회학과 교수였어요. 그래서 거기 입학하면 되겠다고 생각했지요.

후루이치 상상했던 사회학과 대학에 들어가서 만난 사회학은 달랐나요?

하시즈메 기대에서 벗어났어요. 어느 정도 각오하긴 했는데 시시했죠. 교수들도 그다지 예리한 느낌이 없었고.

후루이치 신랄하신데요.(웃음) 하시즈메 선생은 대학원생 때 고무로 나오키 선생의 세미나에 참여하셨죠. 가르침이 재미있어서인가요, 아니면 고무로라는 사람 자체가 명석해서 감명을 받았기 때문인가요?

하시즈메 양쪽 다인데 고무로 선생의 가르침이 내겐 아주 중요했어요. 단 사회학은 전혀 가르쳐주지 않으셨죠.

후루이치 세미나에선 뭘 배웠나요?

하시즈메 수학, 경제학, 통계학, 정치학, 인류학, 종교학 등등.

후루이치 그럼 하시즈메 선생은 고교 시절에 사회학을 다 배워버린 셈인가요?

하시즈메 아니요. 《강좌 사회학》에 적힌 내용은 고교 시절에 이해했지만, 그 후에는 사회학만 배우면 한계생산성이 떨어진다고 생각했죠. 투여하는 에너지에 비해 돌아오는 것이 적어요. 그러니까 사회학 이외의 것들도 공부해야 합니다. 옛 시대의 중요한 사회학자도 모두 경계를 초월해 다른 학문에서 많은 것을 가져왔다고 생각하지 않나요?

후루이치 그러고 보면 베버도 경제학자로 소개되기도 하고 정치학자로 소개되기도 해요.

하시즈메 베버가 읽은 책 중에 사회학 책은 거의 없어요. 그는 경제, 종교, 음악 관련 서적까지 썼고 뭐든지 다 했죠. 사회학에서 가장 정통파라고 하는 베버도 아웃풋은 사회학이지만 인풋은 거의 다 사회학이 아닙니다. 뒤르켐 역시 인류학도 하고 자살 통계도 내는 등 정말 계획성 없이 이것저것 다 했어요. 이것이야말로 사회학자로서 당연한 모습이에요. 그런데 사회학이라는 마을이 생기자 사회학의 고전을 읽는 것이 사회학이 되고 말았어요. 즉 사회에서 떨어져 나와 사회학을 공부하면 된다는 태도가 되었죠.

거장의 업적에서 무엇을 배워야 하는가

후루이치 사회학 이외의 학문을 공부할 때, 책을 어떤 기준으로 고

하시즈메 다이사부로 × 후루이치 노리토시

르면 될까요?

하시즈메 천재라고 생각하는 사람의 책을 읽습니다. 석사 논문으로 레비스트로스를 공부하면서 알았는데, 상대가 천재면 도저히 흉내를 낼 수 없어요. 그 아이디어를 내가 떠올릴 가능성은 제로입니다. 그러니까 어떻게 해서든 그의 책을 읽을 수밖에 없죠.

후루이치 하시즈메 선생이 천재라고 생각하는 사람이 레비스트로스 이외에 또 누가 있나요?

하시즈메 비트겐슈타인(Ludwig Wittgenstein), 베버, 마르크스, 더 많이 있는데 사회학과 직접 관계가 있는 사람이라면 레비스트로스까지 이렇게 네 사람이 아닐까요.

후루이치 그런 천재들이 이룩한 일과 비교하다 보니 동시대 사회학 마을의 논문에는 관심을 느끼지 못하게 되셨나요?

하시즈메 예상한 범위 안에 있기 때문입니다. 탈식민주의가 유행하면 그걸 장소만 바꿔서 연구한다거나, 30년대를 연구한 다음에는 20년대를 한다거나, 그런 식으로 하면 논문은 얼마든지 생산할 수 있어요.

후루이치 그러느니 천재가 한 일과 접촉하는 편이 더욱 낫다는 뜻이군요.

하시즈메 그래요. 그러는 편이 훨씬 좋은 자극을 받아요.

후루이치 그렇지만 천재에게 심취한 것으로 끝나는 사회학자도 있죠. 한때는 파슨스, 요즘은 루만의 영향을 받아 마치 루만이 되기라도 한 양 모든 것을 분석했다는 사람이 꽤 있어요.

하시즈메 그런 것이 아니라 '루만은 무엇에 직면했는가'가 중요하다고 생각해요. 루만이 멋있으니까 루만을 흉내 내는 사람은 섀도 복싱을 하는 셈이죠. 그런데 루만은 섀도 복싱이 아니라 진짜 복싱을 했고 상대가 있었어요. 상대와 싸워 이기느냐 지느냐 하는 대결을 했죠. 그러므로 루만을 흉내 내는 것이 아니라, 루만이 되어서 그 상대와 대결하는 것이라면 그나마 허용할 수 있어요.

후루이치 섀도 복싱이 별로 의미가 없다면 천재가 한 일에서 무엇을 배우면 될까요?

하시즈메 레비스트로스가 벌인 승부를 보고 그가 남긴 과제를 이어받는 것입니다. 레비스트로스가 승리를 거둔 부분은 당연히 대단합니다. 그러나 진 부분이 있다면 그걸 과제로 삼아 이어받는 것이 중요합니다.

후루이치 그렇군요. 천재가 어떤 것을 이기지 못했는지 의식하면서 책을 읽으면 재미있겠어요. 그런데 대부분은 책을 그렇게 읽지 않잖아요?

하시즈메 그건 투지가 없기 때문입니다. 투지가 없으면 푸코를 공부해도 푸코가 이긴 것만 받아들여요. 푸코가 진 것을 이어받아서 복수하겠다고 생각하면 당연히 투지가 나오죠. 푸코가 친구라고 인정하는 사람은 그런 사람입니다. 만약 후루이치 씨의 팬이라는 사람이 와서 대단하다고 칭찬을 늘어놓고 흉내만 내면 짜증 나지 않겠어요?

후루이치 짜증 나죠.(웃음) 그런 사람은 있어도 상관없지만 없어도 좋죠.

하시즈메 그러니 사회학자로 살아가려면 베버나 푸코에게 짜증스럽다고 여겨지지 않도록, 싸움의 자세를 취해야 합니다.

후루이치 팬이 아니라 친구가 되도록 고전을 읽어라.

하시즈메 그렇습니다.

언어 게임으로 종교를 분석하다

후루이치 하시즈메 선생은 천재가 한 일을 공부하면서 어떤 투지를 가져오셨나요?

하시즈메 한마디로 말하면 사회와 싸우고 있습니다. 사회를 해명하고 싶으니까요.

후루이치 그럼 거대 이론을 만들고 싶으세요?

하시즈메 거대 이론을 만드는 것과 일본 사회라는 특수한 공간을 보편 언어로 치환하는 것을 동시에 할 수 없을까 생각하는 중입니다.

후루이치 최근 종교에 관련한 연구나 일을 많이 하시죠. 지금부터 하시려는 일과 뭔가 관계가 있나요?

하시즈메 물론 있습니다. 종교는 인간의 사고와 행동에 관한 보편적인 척도니까요. 그걸 알아보면 일본의 뒤틀림이나 일그러진 부분을 특정할 수 있어요. 그래서 종교사회학은 일종의 준비입니다.

후루이치 그런 발상은 어떻게 생겼나요?

하시즈메 원래는 비트겐슈타인의 '언어 게임'이라는 사상을 사회학에 사용할 수 없을지 생각했습니다. 그래서 실제로 언어 게임으로 유럽 사회를 분석해보았더니 너무도 지당했어요.

후루이치 지당했다고요?

하시즈메 언어 게임도 유럽 철학 전통에서 만들어진 아이디어다 보니까 언어 게임과 유럽 사회가 대응하는 부분은 반드시 보입니다. 그렇다면 언어 게임이 보편적인 사고임을 증명하려면 유럽이 아닌 계통의 사회를 밝혀내야 한다고 생각했고, 직감적으로 불교를 떠올렸죠. 그래서 불교를 분석해보니 나름대로 분석할 수 있었어요.

후루이치 원래 종교 자체에 흥미가 있었다기보다 비트겐슈타인의 언어 게임을 사용한 분석 대상으로서 종교를 고르신 거군요.

하시즈메 그렇습니다. 종교는 사회학 대상으로 아주 좋아요. 사회가 붕 떠 있으면 다들 곤란하니까 척도가 있으면 좋겠다고 바라죠. 그런 척도는 이 사회와 저 사회에서 자생적으로 생겨요. 척도는 일신

하시즈메 다이사부로 × 후루이치 노리토시

교이거나 카스트제도이거나 유교이거나 합니다. 이렇게 생각하면 기독교와 사회학은 둘 다 붕 뜬 사회에 척도를 댄다는 점에서 아주 비슷해요. 기독교는 죄 깊은 인간 개개인이 올바로 살 수 있게, 사회학은 붕 뜬 사회를 좀 더 객관적으로 인식할 수 있게, 각자 척도를 대지요. 목표로 하는 것은 다르지만 붕 뜬 것을 단단하게 만들려는 동기는 아주 흡사합니다.

인류의 보편성에 지식을 묻다

후루이치 그렇다면 사회학자는 사회 안에서 교조인가요, 아니면 평신도인가요? 어떤 위치일까요?

하시즈메 그런 의미에서 말하면 사회학자도 마을 사람이니까 아무리 대단하더라도 마을에서 나오지 못하죠.

후루이치 사회학을 아무리 파고들어도 교조가 되진 못하는군요. 어디까지나 마을 사람으로서 지금 자신들 주변을 둘러싼 종교가 무엇인지 분석하는 건가요?

하시즈메 그런데 마을 사람이 마을에서 나가지 못한다고 인식하면, 그 인식은 마을을 벗어난 것이 된다고 생각하지 않나요?

후루이치 하긴, 여기가 마을이라고 인식하지 못하는 마을 사람들과는 달라요.

하시즈메 그래요. 사회학은 그 정도의 기능이 있습니다.

후루이치 그 말은 그 이상의 기능은 딱히 없다는 건가요?

하시즈메 아니요, 다른 마을에도 비슷하게 인식하는 사람이 있겠죠. 그러면 그렇게 벗어난 사람끼리 만났을 때, "뭐야, 당신도 같은 생각을 했어? 역시 어디서든 그런 거구나"라고 대화할 수 있으니까 거기서 한 가지 보편성이 나타납니다.

후루이치 아하! 하시즈메 선생이 종교사회학을 열심히 연구하는 동기가 뭔지 알 것 같아요. 지금 마을 이야기를 개별 종교로 생각하면 되죠?

하시즈메 그렇습니다. 사회학과 기독교 사회는 비슷하니까 사회학으로 기독교를 깔끔하게 분석할 수 있는 것은 지당해요. 그러니 애초에 개념이 다른 인도 사회나 중국 사회, 일본 사회를 깔끔하게 분석해야만 비로소 사회학이 자립한다고 생각했죠. 그런데 유럽계 사회학이 만든 기본 어휘는 유럽이라는 로컬한 문화에 오염되어서 보편적인 인식 도구로 사용하기에 충분하지 않아요.

후루이치 실제로 불충분했군요.

하시즈메 그걸 앞으로 밝히려고 합니다. 한때 구조주의에 참여한 사람으로서 유럽 문화의 로컬리티를 극복하고 인류의 보편성에 지식을 열어가야 한다고 말하고 싶군요. 구조주의의 기본 동기니까요.

후루이치 그럼 드디어 준비 단계를 마치고 앞으로 본격적인 연구에 들어가시는 거군요. 지금까지 발표한 논문이나 서적이 있나요?

하시즈메 전혀 없습니다.

후루이치 그럼 정말 지금부터?

하시즈메 그렇습니다.

후루이치 몇 넌쯤 걸릴까요?

하시즈메 모르겠네요. 30년쯤 걸리지 않을까요.(웃음) 도중에 죽으면 다른 누군가가 이어서 해주면 된다고 생각합니다.

10

깃카와 도오루 선생에게
'계량사회학은 무엇인가'를 묻다

깃카와 도오루 吉川徹

1966년 시마네 현에서 태어났다. 오사카대학 대학원 인간과학연구과 박사 과정을 수료했다. 현재 오사카대학 대학원 인간과학연구과 교수이며 전문은 계량사회학, 그중에서도 계량사회의식론, 역사사회론이다. SSP 프로젝트(총격차사회 일본을 이해하는 조사과학) 대표다. 주요 저서로 《현대 일본의 '사회의 마음'》《학력과 격차·불평등》《학력 분단 사회》《계층화하는 사회의식》《학력 사회의 로컬 트랙》 등이 있다.

깃카와 선생은 이 책에서는 드물게 계량사회학을 주 전장으로 삼은 사회학자다. 계량사회학은 통계 데이터 분석을 중심으로 하는 사회학이다. 사회학은 나라에 따라 방식에 차이가 있는데, 미국에서는 계량사회학 연구가 매우 발달했다.

일본 사회학은 미타 무네스케 선생처럼 '문학적'이라고 할 만한 작품군, 미야다이 신지 선생처럼 필드워크를 위주로 하는 연구가 유명해지기 쉽다. 그러나 실제로는 그렇지 않다. 사회학의 어느 분야든 성실한 계량 연구가 축적되어왔다.

그중에서 깃카와 선생은 조금 독특한 계량사회학자다. 통계 데이터를 이용하면서 이 사회의 '감촉'이나 '실감'을 연구에 능숙하게 포함한다.

깃카와 선생은 《현대 일본의 '사회의 마음'》에서 "조사 데이터로 뒷받침되는 현대 사회론은 때때로 '그런 건 이미 누구든 느끼고 있어'라는 자명한 스토리로 전개된다"라고, 어떤 의미에서 자조적인 비판을 했다. 실제로 '계량'이라는 이름이 붙은 논문 중에는 '그런 건 다 알아'라는 생각이 드는 연구가 많다.

동시에 깃카와 선생은 양적 데이터를 두루 살피지 않고 소규모 관찰과 과장된 사변에 기대 '지금 일본 사회는 ○○다'라고 말하는 현대 사회론도 비판한다(아, 나는 '절망의 나라'니 뭐니 하는 제목으로 낸 책이 있다).

그런 비판을 한 후에 깃카와 선생은 제대로 된 통계 데이터를 이용해 성실한 현대 사회론을 시도했다. '확실성'과 '재미'를 양립하려고 했다. 그 시도가 성공했는지는 독자가 판단할 일이지만, 적어도 《현대 일본의 '사회의 마음'》은 계량사회학 입문서로서 아주 좋은 책이다.

어떤 사람은 깃카와 선생을 '회사 사장 같다'고 평한다. 연구자라고 하면 '세상 물정을 잘 모르는'이라는 수식어가 붙기 쉬운데, 알고 보면 팀을 꾸려 이루어지는 연구도 아주 많다. 특히 계량 연구는 대개 많은 인원으로 팀을 꾸린다. 그런 그룹의 리더를 종종 맡으니까 깃카와 선생에게는 분명 회사 사장 같은 면이 있다. 그 세계에서 깃카와 선생은 인망도 있고 제자 격인 연구자들에게 널리 존경받는다.

나는 이번 대담으로 깃카와 선생을 처음 만났는데, 그는 정말 능력 있는 사업가 같은 분위기였다. 도쿄에 오면 고쿄 왕궁 주변을 종종 조깅한다고 들었다. 체형도 탄탄해서 역시 대단한 사람이다 싶었다.

깃카와 도오루 × 후루이치 노리토시

계량사회학은 어떤 학문인가

후루이치 항상 같은 질문으로 시작하는데요. 깃카와 선생은 '사회학은 무엇입니까'라는 질문을 받으면 어떻게 대답하시나요?

깃카와 지금까지의 대담을 읽었는데 다들 놀랄 만큼 같은 포인트를 짚어주셨어요. 크게 나누어 두 가지가 있어 보입니다. 먼저 사회학은 정치학이나 법학, 경제학 등 다른 사회과학이 다루지 못하는 잔여 영역을 연구하는 학문이라는 것, 또 하나는 누구나 일상적으로 아는 '세계 안'을 연구 대상으로 삼아 생활자의 시선으로 보는 것과는 다른 사실이 숨어 있음을 설명하는 것, 그 두 가지가 사회학자의 일이라는 말이었습니다.

후루이치 깃카와 선생의 전문인 계량사회학은 어떤 학문인가요?

깃카와 계량사회학자는 전국 방방곡곡에서 평범하게 사는 사람들에게 그들의 생활 방식이나 생각이 무엇인지 다양한 질문을 던집니다. 그렇게 얻은 수천 명 규모의 데이터를 통계적인 수법으로 읽어서 사회 전체가 어떤 상태인지 측량합니다. 그렇다면 왜 전국에서 대량의 데이터를 분석할까요? 일상적인 경험만으로는 세상을 보는 방식이 아무래도 곤충의 눈으로 보는 것과 같습니다〔蟲瞰的〕. 이와 달리 계량사회학의 이점은 조감(鳥瞰)으로, 즉 상공의 높은 지점에서 넓은 시야로 사회 전체를 볼 수 있다는 것이죠.

후루이치 깃카와 선생의 《현대 일본의 '사회의 마음'》이라는 책은 '사회의 마음'을 주제로 삼았죠. 사회학의 언어로는 사회의식이라고 불리는 것인데, 책에서는 '사람들이 세상을 어떻게 보고 무엇을 느끼는지 넓은 시야로 바라본 것'이라고 설명하셨어요. '사회의 마음'을 어긋남 없이 파악하려면 사회조사 데이터의 동향을 꼭 알아야 한다고 하셨는데요. 애초에 '사회의 마음'을 안다는 것의 의의가 무엇인가요?

깃카와 예를 들어볼까요? 학생들은 '사회의 마음'과 '사회의 구조'를 혼연일체라고 생각하기 쉽습니다. 그러나 이 두 개는 소프트웨어와 하드웨어처럼 별개로 생각해야 해요. 정치 제도나 경제, 인구, 산업 등 누가 봐도 명백한 '사회의 구조'는 하드웨어입니다. 이 하드웨어를 움직이는 것이 소프트웨어인 '사회의 마음'이죠. 이 소프

깃카와 도오루 × 후루이치 노리토시

트웨어는 특정한 누군가가 만드는 것이 아니므로 어떤 소프트웨어가 작동하는지는 조사해보지 않으면 모릅니다. 그럼 '사회의 마음'을 아는 것이 왜 중요할까요? 이것이 현대 사회의 기본 운영체제(OS)기 때문입니다.

후루이치 기본 OS라는 뜻은 무엇인가요?

깃카와 예를 들어서 가족 형태나 경제 행동, 투표 행동에도 시대마다 각각의 흐름이 있어요. 이러한 시대의 흐름은 '사회의 마음'이라는 기본 OS에 올라타지요. 그러므로 사회의 구체적인 사안을 분석하려면 공통 OS로 작용하는 '사회의 마음'을 파악하는 연구가 필요합니다.

계량사회학자는 사회의 기상예보관

후루이치 일반적으로 생각하면 대학생의 의식이나 경영자의 의식처럼 분석 단위를 좁게 해야 연구 결과가 알기 쉽게 나올 것 같아요. 사회라는 아주 거대한 대상의 마음이나 의식을 어떻게 포착하면 될까요?

깃카와 말씀하신 대로 프레임이 작은 편이 개별 문제를 다양하게 포착하기 쉽고 설득력도 늘어납니다. 그러나 모두에게 부는 바람이라고 해야 하나, 공기의 흐름 같은 것이 있지 않습니까? 같은 질문에 수천 명이라는 단위로 20년 전 사람들과 현재 사람들의 답변을 분석하면 이런 거대한 공기의 흐름이 보이는 것 같다는 생각이 들 때가 있어요.

후루이치 사회학에서는 현대 사회는 점차 개인화가 진행된다는 논의를 자주 하죠. 그렇다면 연구자가 아무리 "이게 시대의 흐름이다"라고 주장해도 설득하기가 좀처럼 쉽지 않을 것 같아요.

깃카와 실제로 현대 일본의 '사회의 마음'은 단순하지 않아요. 후루이치 씨가 태어난 1985년 일본 사회는 쇼와 시대의 마지막 모습이었어요. 그때는 누구나 알아차릴 수 있는 강렬한 공기의 흐름이 있었어요. 젊은 세대는 어른의 작법을 배움으로써 그 흐름에 적응하려고 했습니다. 지금 생각하면 그것이 근대죠. 그런데 지금은 바람이나 흐름을 간단하게 알 수가 없어요. 젊은 사람들은 후루이치 씨의 발언을 듣고 공기가 소용돌이친다거나 정체된 상태를 느낄지도 모르겠군요.

후루이치 연구로서 현대 일본 사회를 분석하는 것이 어려워졌다는 말씀인가요?

깃카와 어려워지긴 했는데 지금 시대에도 기본 OS는 분명히 있을 겁니다. 절대로 무규범한 상태는 아니에요. 복잡한 바람이 체계적으로 불고 있다고 믿고, 그 안에 잠재된 시스템을 찾고 있습니다.

사회학에는 파슨스의 시스템 이론처럼 사회 전체를 확실하게 설명하는 틀이 있었어요. 물론 그게 틀렸다는 소리는 아니고, 그런 이론은 20세기의 정합적인 근대를 설명하기 위한 틀이었다고 생각합니다. 그러므로 파슨스는 20세기 미국 사회를 완벽하게 설명할 수 있었죠. 그러나 예전에는 맞았던 틀을 현대 사회에 적용하려니 잘 맞지 않게 되었어요. 그래서 우리는 일단 이 '잘 맞지 않는다'를 실마리로 삼을 수밖에 없습니다.

후루이치 맞는 말씀입니다. '예전의 틀에는 해당하지 않는다. 그러므로 현대를 후기 근대라고 부르자'라고 끝나는 논의가 아주 많아요. 깃카와 선생의 야망은 그 너머로 나아가려는 건가요? 아니면 후기 근대의 내실을 조금 더 치밀하게 설명하려고 하는 건가요?

깃카와 '그 너머로 나아가겠다'까지는 아닙니다. '이렇게 말하면 납득할 수 있다'를 알아맞히고 싶은 것에 가까워요.

후루이치 사회를 파악하려면 아무래도 말이 조잡해지기 쉽죠. 사회학자가 분석 대상으로 삼는 사회의식과 해설가나 평론가가 말하는 사회의 특징은 어떻게 다를까요?

깃카와 계량사회학자는 기상예보관과 비슷합니다. 일기도를 읽고 "내일은 이러이러한 이유로 비가 내리겠으니 우산을 챙겨 나가는 것이 좋겠습니다"라고 말할 수 있어요. 비가 내리지 않는 일기도를 만드는 것은 우리 일이 아니에요. 요컨대 각지의 기압을 측정해

"지금 이러이러한 이유로 흐리다"라는 완벽한 설명을 하고 싶다고 생각하지, 평론가처럼 일기도에 불평불만을 늘어놓는 것은 우리 일이 아니라는 겁니다.

무기질한 데이터에서 리얼리티를 찾는 것

후루이치 깃카와 선생의 책은 계량 분석을 확실하게 하면서 사회의 리얼리티도 융합시켜 문장을 쓴다는 점이 재미있었어요. 보통 계량 결과만 잔뜩 실은 시시한 논문을 쓰거나 리얼리티에 치우쳐서 쓰거나로 나뉘잖아요. 이 둘을 잘 융합하려는 강한 의지를 느낍니다.

깃카와 그렇습니다. 한때 사회의식론의 선구자였던 미타 무네스케 선생은 계량조사와 질적 연구를 두고 이렇게 말씀하셨어요. "전자는 자칫 '정확하지만 재미있지 않은' 분석으로 끝나고 후자는 자칫 '재미있지만 정확하지 않다'는 양론이 되기 쉽다."

나는 소설가 시바 료타로(司馬遼太郎)를 아주 좋아합니다. 시바 료타로가 쓴 글 중에 사실에 기초한 역사 소설과 센고쿠 시대(戰國時代)를 무대로 해서 인간 양상을 재미있게 그린 시대 소설, 이 둘은 달라요. 단순히 역사적 사실을 조사한 것이 좋다면 정확한 역사 전문서를 읽으면 되죠. 나는 역사적 사실에 기인한 역사 소설을 쓰는 자세에 재미를 느꼈고 사회학에서도 그렇게 할 수 있지 않을까 생각했습니다. 즉 일부러 무기질한 데이터로 사람들의 의식을 수집해서 아웃풋은 사회적인 리얼리티라는 형태로 되돌려서 내보내고 싶다는 식입니다.

후루이치 미타 선생이 하지 못한 일을 하고 계시는 것처럼 들려요.

깃카와 날카로운 지적을 하시는군요.(웃음) 그 질문에는 "그래요"라고 대답할 수밖에 없겠어요. 보기 좋게 본심이 유도된 것 같은데, 나는 미타 선생의 책도 다른 사람들이 재미있다는 책이 아니라 다른 책을 20대 초반에 읽고 자극을 받았어요.

후루이치 《현대의 청년상》이나 《현대를 사는 보람》 같은 책인가요?

깃카와 그렇습니다.

후루이치 미타 선생의 뿌리에는 분명 계량이 있지만, 사람들이 주목한 것은 굳이 따지자면 그 이후 시대에 쓴 작품이죠. 깃카와 선생은 미타 선생의 계량적인 부분을 이어받으려고 하신 거군요?

깃카와 《현대 일본의 '사회의 마음'》은 말하자면 그런 책이에요. 그래도 정통파 학문 한복판에 있으면 말하지 못하는 것이 있어요. "미타 무네스케가 제대로 하지 않았으니까 내가 하겠다" 같은 소리는 좀처럼 못 하죠.(웃음)

후루이치 계량사회학 중에서도 깃카와 선생 같은 연구 자세를 보이는 분은 소수파죠. 계량 연구를 보면 왠지 누구나 아는 사실을 데이터로 확인한 논문이 많은 것 같아요. 그런 연구는 역시 시시해 보이나요?

깃카와 아니요. 그건 그것대로 사회학의 트렌드 중 하나니까요. 일본에서는 계량의 무게감이 그렇게 중요시되지 않는데, 외국은 증거 기반의 연구가 주류입니다. 그러므로 수집한 데이터를 최신 계량 수법으로 분석해서 논문으로 만드는 연구는 그것대로 좋다고 생각해요. 오히려 그다지 많진 않을 테지만 나 같은 입장은 추천하지 않습니다. 여긴 정원이 한 명이라고 생각해요.

후루이치 그 자리의 이름을 뭐라고 부르면 좋을까요? '실감 나는 계량?'이랄까요?

깃카와 음. '계량 기반의 현대 일본 사회론'이라고 하면 될까요. 사회학자인 사토 도시키 선생이 '전문적인 현대 일본 사회론'이라고 다양한 곳에 글을 쓰는데 그건 아주 드문 일이에요. 어차피 일본 사회에서만 보니까 과감하게 글로벌화나 공산권 같은 논의를 제쳐놓고 일본 사회만 다루면서 글을 쓰겠다는 단단한 각오가 투명하게 보입니다. 그렇다고 모두가 다 그걸 해서는 안 된다고 생각해요. 어떤 의미에서 아주 협소하고 낡은 견해이므로 추천할 수 없어요. 그렇지만 내 입장도 사토 선생과 비슷하고 앞으로도 이런 자세로 갈 생각입니다.

후루이치 "현대 일본 사회론이 전문입니다"라고 선언하려면 큰 용기가 필요하죠. "의료 행정을 잘 압니다"라는 식으로 세분화하면 할수록 전문가처럼 보이지만, 현대 일본 사회론은 다루는 범위가 굉장히 넓으니까요. 일본 사회라면 뭐든지 다 아는 것 같은 이미지를 줄 것 같아요.

깃카와 그런데 최근에는 "무슨 일을 하세요?"라는 질문에 "사회학을 합니다"라고 대답하면 "아아, 후루이치 씨 같은 일이군요?"라는 말을 들어요.(웃음) 사회학이라는 직업의 시민권을 만들어준 사람이 바로 후루이치 씨인데, 후루이치 씨는 왜 '현대 일본 사회론'이라고 말하지 않나요?

후루이치 제 책에 '일본'이나 '절망의 나라'라는 말을 붙이긴 했지만, 일본 사회 전체를 본다는 생각은 전혀 없거든요. '젊은이'나 '기업가'처럼 리얼리티를 느낄 수 있는 범위만 쓸 수 있고 실제로 그렇게 해왔으니까요. 그래서 '현대 일본 사회론'이라는 간판은 좀처럼 내걸 수 없어요.

깃카와 그렇다면 사회학자라는 단어 쪽이 오히려 더 방대하지 않나요.(웃음) 세계의 모든 사회를 연구 대상으로 삼고 있다고 여겨질 수 있으니까요. 후루이치 씨라면 규모로 보아 현대 일본 사회론을 추천합니다.

계량 분석은 어떻게 진화하는가

후루이치 개인적인 질문을 드리고 싶은데요. 깃카와 선생은 왜 계량 사회학을 선택하셨나요? 시대적으로 이론 계열 쪽 사회학이 유행한 시기였을 텐데요.

깃카와 그건 도쿄대학 쪽 이야기죠. 내가 다닌 오사카대학은 사정이 달랐어요. 동과 서에서 사회학 방식이 아주 달랐습니다. 그래서 계량사회학 자체는 드물지 않았죠.

후루이치 졸업 논문은 어떤 주제로 쓰셨나요?

깃카와 일본인론입니다. 당시 '칸진슈기(間人主義)'라고 해서, 일본인은 상호관계를 중요하게 여긴다는 주장이 유행했고 경제적인 성공과 연결해서 논해지기도 했어요. 과연 정말 그럴지 궁금했을 때, 언설이나 사례를 나열하기만 해서는 알 수 없다고 생각했죠. 그래서 계량적인 수법을 사용해서 분석하면 좋겠다고 떠올렸어요.

후루이치 분석이 잘됐나요?

깃카와 아니요. 결과적으로 잘되진 않았는데, 그런 계량적인 수법을 사용하고 싶다면 좀 더 가능성이 있는 영역이 있다는 사실을 대학원에 들어간 뒤에 깨달았어요. 그때의 경험을 들어 지금 지도하고 있는 대학원생들에게 자주 말합니다. 장래성이 없는 연구로 보인다면 그걸 사랑하지 말라고요.

후루이치 대학원생 때 방향을 전환하신 거군요. 그 말씀은 연구 주제를 사랑하지 못했다는 뜻인가요?

깃카와 주제는 계속 사랑했습니다. 그러니 30년이 지난 뒤에야 마침내 책을 통해 '85년은 일본인론의 시대였다'라고 일단은 해결을 본 거죠. 어떤 사람이 "30년쯤 지나면 졸업 논문의 그다음을 잇고 싶어질지도 몰라"라고 말해줬어요. 인상적인 말이어서 기억하고 있는데, 내가 정말로 그랬죠.

후루이치 바탕에 일본 사회를 알고 싶다는 관심이 깔려 있었군요?

깃카와 지금 돌이켜보면 그렇지만, 후루이치 씨 정도 나이일 때는 내가 뭘 하려고 하는지 좀처럼 알 수 없었어요. 그때는 게임처럼 연구했습니다. 즉 최신 계량 분석 기법을 기본으로 사용하고 거기에 사회학으로 맛을 내면 투고 논문이 얼마든지 동료평가를 통과했거든요. '이 게임은 재미있는데'라고 생각하며 계속 논문을 썼습니다. 그런데 막상 박사 논문을 쓸 때가 되면 자신이 어떤 방향으로 연구할지 아이덴티티를 정해야 하잖아요. 그 덕분에 지금 입지가 정해진 느낌입니다.

후루이치 계량 분석 기법의 진화는 어떤 이미지인가요?

깃카와 예를 들어 설명하면 식자재의 질이 점점 먹기 어려울 정도로 낮아지니까 요리에 어떻게 공을 들일지 방법을 경쟁하는 것과 비슷합니다. 사회의 리얼리티로서 한 방향으로 강한 바람이 불면 분석하기 쉬워요. 그런데 현대는 기류가 소용돌이치며 안정하지 않는 것에 더해 데이터를 깔끔하게 잘라내기 힘들어졌죠.

후루이치 어떤 의미죠?

깃카와 회수율이 낮아졌고 조사를 거부하는 사람도 많아요. 행정 기관이 데이터 공개를 허용하지 않기도 하고, 이 밖에도 이런저런 이유가 있습니다. 세계적인 경향이에요. 예전에는 일본 인구 피라미드의 모형을 데이터로 제대로 얻을 수 있었어요. 그런데 청년층에서 회수율이 낮아지자 그게 어려워졌죠. 또 글로벌화했다는 이유로 국제적인 조사를 진행해도, 미국이나 유럽에서는 데스크톱 컴퓨터로, 일본에서는 태블릿으로, 한국에서는 서면으로 회답하는 식이라면 세계 데이터라고 해도 질이 달라집니다.

후루이치 그렇게 잡음이 많은 데이터도 다룰 수 있게 계량 기술이 진화한 것이군요?

깃카와 네. 데이터 내부의 많은 쓰레기를 제거하고, 공통의 부분을 뽑아내기 위해서 통계 기법이 눈부시게 발달하고 있습니다. 팔팔한 생선이라면 회를 떠서 간장을 찍어 먹으면 되지만, '이거 생으로는 못 먹겠는데?' 싶은 식자재를 맛있게 먹으려면 가공을 해야 하죠. 그래야 비로소 통계적으로 유의미한 결과가 나옵니다. 그러나 유의미하다고 해도 실제 사회의 표면에 나타날 정도로 강렬하지 않아서 상당히 버추얼합니다.

깃카와 도오루 × 후루이치 노리토시

여론조사는 의미가 없다

후루이치 그런 데이터로 현실을 몇 퍼센트 정도 설명할 수 있나요?

깃카와 현실과 데이터 사이에는 반드시 차이가 생깁니다. 현관문에 서서 사람들의 이야기를 들으며 데이터를 수집하잖아요? "지금 생활에 얼마나 만족하십니까?" 이렇게 물었을 때 그날 그 사람에게 어떤 일이 있었는지에 따라 답이 달라지곤 하니까 예측하지 못하는 부분이 반드시 있어요. 그러니 수준이 아주 뛰어난 사회조사 데이터를 손에 넣더라도 고작 25퍼센트 정도밖에 예측하지 못해요. 후루이치 씨에게 백 가지 문항을 질문해서 답을 얻었더라도 그 답은 후루이치 씨가 지금 생각하는 것 중 최대 25퍼센트 정도만 설명할 수 있어요.

후루이치 최대 25퍼센트밖에 설명할 수 없다면, 집단자위권에 찬성하느냐 반대하느냐, 지금 생활에 만족하느냐 만족하지 못하느냐, 이런 신문의 여론조사나 공기관의 의식조사에서 할 법한 단순한 조사 데이터에서 뭘 알 수 있을까요?

깃카와 그런 단순한 데이터에서는 아무것도 알 수 없습니다. 일본인의 문해력이 높아졌는데 아직도 특정 법률을 지지하는 사람이 몇 퍼센트니 하는 소리를 하는 의미를 모르겠어요. 답변은 어떤 대상자에게 어떤 방법으로 묻느냐, 예스냐 노냐, 선택지가 몇 개 있느냐로도 얼마든지 바뀌니까요.

후루이치 그럼 여론조사에는 아무런 의미가 없나요?

깃카와 없습니다. 그건 조사를 설계하거나 질문을 작성하는 상황에 따라 정해지는 숫자니까요.

후루이치 그래도 얼마나 많은 사람이 헌법 개정에 찬성하는지 알고 싶은 사람도 많을 거예요. 그렇다면 어떻게 조사를 해서 어떻게 발표하면 좋을까요?

깃카와 좋은 질문입니다. 내가 할 수 있는 말은 완전히 똑같은 질문 방식으로 정점관측(定點觀測)처럼 물으면, 내각 지지율은 똑같이 움직인다는 것입니다. 즉 요미우리신문도 아사히신문도 NHK도 상하 경향은 비슷하게 나옵니다. 그러니까 그래프의 점진적인 상승, 점진적인 하강은 사실입니다.

'아베 내각 지지율이 요미우리에서 53퍼센트이므로 과반수가 지지한다'처럼 해석하면 안 됩니다. 우리가 조사 리터러시로부터 알아야 할 것은 복수의 매체가 내는 결과가 전부 점진적으로 하강하는 데서 '아베 내각의 지지율이 내려가고 있다'라는 흐름을 파악하는 것입니다.

후루이치 매체에서 진행하는 여론조사와 SSM조사처럼 연구자가 시행하는 조사는 어떻게 다른가요?

깃카와 여론조사에서는 분포를 속보로 전할 뿐이지 분석은 하지 않아요. 가령 '아베 내각 지지율이 급격히 하락했다'고 하면서 매체는 '어느 각료에게 불미스러운 일이 있었기 때문'이라는 식으로 설명하지 않나요? 그런데 이건 분석이 아니라 '이 변동의 이유는 아마 이래서일 것이다'라고, 같은 시기에 일어난 다른 사건과 연결한 것일 뿐입니다.

사회학자는 사회구조에 관심이 있으니까 사회의 어느 곳을 어느 정도로 비틀면 의식이 어떻게 변하는지 알고 싶어 합니다. 그러므로 사회학의 조사와 여론조사를 비교하면, 사회학 조사는 짜증 나는 내용만 잔뜩 물어봅니다. "학력은?" "수입은?" "일을 몇 번이나 그만뒀습니까?" 아이덴티티와 관련이 되니까 응답자가 짜증이 날 만큼 싫은 것이고, 그러니 그만큼 중요한 정보들입니다. 그러므로 가족 구조나 직업 구조처럼 그 사람의 생각을 좌우하는 요인의 정보를 잔뜩 확보하는 것이 사회학의 조사입니다.

앞으로 일본 사회에서 벌어질 거대한 전환

후루이치 사회의 기상예보관인 계량사회학자로서 앞으로 일본 사회를 예측해주실 수 있나요?

깃카와 무엇보다 분명한 것은 지금까지 일본 조사 데이터의 두터운

층을 이룬 단카이 세대*가 사회에서 물러날 때 큰 변화가 일어난다는 것입니다. 단카이 세대는 산업 사회의 볼륨 층이기도 하고 투표 행동에서도 중심을 이루는 층입니다. 그 층이 사라짐과 동시에 다른 생각을 지닌 청년이 성큼성큼 들어오죠. 이건 분명히 일어날 일이니까 계속 관측하고 싶습니다. 앞으로 일본의 '사회의 마음'을 보기 위해 가장 주목할 점입니다.

후루이치 단카이 세대가 퇴장하면 일본 사회의 형태가 크게 변하겠군요. 어떻게 변할까요?

깃카와 예전과 비교해서 모두가 사회적인 아이덴티티에 민감해진다는 점입니다. 70년대, 80년대 일본인은 '우리는 잘나가는 나라의 국민이다'라고 생각했습니다. '나는 잘나가는 나라의 중간쯤이고 그 중간쯤은 세계에서 상위 정도다'라는 공통 의식이 있었어요. 왜 그랬는가 하면 전후 일본 사회는 계속 언덕을 올라가기만 해서 사회 형태도 자신의 위치도 대충 파악할 수밖에 없는 상황이었어요. 그런데 거품 경제가 붕괴하며 사회가 정체기에 들어서자 안정적인 직업이 있느냐 없느냐, 학력이 대졸이냐 아니냐, 이런 다양한 지표로 자신의 위치가 정해지게 되었습니다. 그런 의미에서 내가 사용하는 말로 표현하면 일본인의 '격차, 계급, 계층 리터러시'가 높아

---

* 2차대전 직후인 1947-49년에 태어나 일본의 경제 성장을 일군 베이비 붐 세대.

졌습니다.

즉 아이덴티티를 생각할 때 딱 한 가지 기준으로 정해지는 것이 아니라 '이런 관점에서 봤을 때 나는 다른 사람과 비교해서 잘나가나?'라는 것을 여러 프레임으로 보는 리터러시를 익힌 것이죠. 그랬기 때문에 사회의식과 사회구조의 연결 방식이 더 촘촘해졌다고 봅니다. 다른 말로 표현하자면, 자신의 위치를 현실적으로 알고 그에 맞춰 버텨야 하니까 괴로워집니다. 원래 리터러시가 높아지면 괴로워지는 것이 당연합니다.

후루이치 2000년대쯤부터 격차 사회론이 유행한 것은 그 시대에 급격하게 격차가 벌어졌다기보다 모두 자신들이 처한 상황을 그제야 깨달았기 때문인가요?

깃카와 그렇습니다. 점진적으로 상승하는 사회처럼 사회가 전속력으로 내달릴 때는 자기 주변을 파악하기 힘들어요. 그러나 사회가 20년이나 제자리에 멈추면 뒤도 앞도 옆도 잘 보이니까 정체성을 파악하게 됩니다. 그러므로 지금 시대는 정체했으니까 잘못된 것이 아니라, 움직이지 않게 된 덕분에 각성과 이해가 높아졌죠. 그런 점에서는 좋은 상태가 된 것이죠.

후루이치 깃카와 선생이 말하는 '좋은 상태'는 '사회의 마음'이 잘 보이게 되었다는 뜻이죠. 그런데 리터러시가 높아지면 보기 싫은 것까지 보고 말아요. 그런 사람들이 사회 다수를 형성하는 사회는 과연 거북해질까요, 아니면 지금보다 살기 편해질까요.

깃카와 글쎄요. 나는 그저 관측할 뿐이니까 사회가 좋아질지 나빠
질지는 모르겠군요.

11

**혼다 유키 선생에게
'교육사회학은 무엇인가'를 묻다**

혼다 유키 本田由紀

1964년 도쿠시마 현에서 태어나 가가와 현에서 자랐다. 도쿄대학 대학원 교육학연구과 교수이고 전문은 교육사회학이다. 일본노동연구기구 연구원 등을 거쳤다. 저서로 《젊은이와 일》 《다원화하는 능력과 일본 사회》 《가정교육의 애로》 《삐걱거리는 사회》 《교육의 직업적 의의》 《비틀린 사회》 《학교의 공기》 《사회를 다시 연결하다》, 공저로 《니트라고 하지 마!》 등 다수가 있다.

혼다 유키 선생은 '분노'하는 사람이다. 그녀가 발표해온 연구의 근간에는 늘 분노가 있다.

첫 번째 분노는 일본의 학교 교육에 대한 강한 의심이다. 혼다 선생 자신은 교육열이 높은 환경에서 '우등생'으로 자랐다. 그러나 주변에서 아무리 우등생으로 보더라도 본인 안에는 항상 강한 의문이 있었다고 한다. '무의미하다는 생각만 드는 이 방대한 공부는 대체 무엇을 위해서 하는 걸까?'

도쿄대학에 합격했지만 대학 입시 때문에 정신적으로 소모되고 말았다고 한다. 이런 문제의식이 혼다 선생의 초기 작품군을 만들었다. 박사 논문에 기초한 《젊은이와 일》에서는 '교육의 의의'에 정면으로 질문을 던졌다. 한때 일본에서 학교란 학생을 기업으로 보내는 장소일 뿐이었고, '교육의 직업적 의의'는 그다지 고려되지 않았다.

혼다 선생은 이 '교육의 직업적 의의'의 필연성을 강하게 호소했다. 그녀의 견지에서 볼 때, 일본 사회는 1990년대 이후 거대한 기능 부전에 빠져 있다. 특히 청년 노동시장이 크게 변모하는 중이므로 교육의 직업적 의의를 구축하는 것이 급선무라고 본다.

이 문제와도 관련되는데, 그의 두 번째 분노는 아마 '변하지 않는 사회'로 향하고 있을 것이다. 사회는 기능 부전에 빠졌는데 그에 대처하는 제도가 전혀 정비되지 않았기 때문이다. 이런 문제의식은 주로 《비틀린 사회》나 《사회를 다시 연결하다》에서 전개된다.

두 번째 분노와 비슷하게, 1990년대 이후 사회의 기능 부전을 두고 제안

되어온 '처방전 비슷한 것'에도 역시 분노한다. 예를 들어 '인간력'이나 '커뮤니케이션 능력' 따위다. 사방에서 '인간력'을 요구하는 기회가 늘었는데, 혼다 선생은 이런 경향을 '초능력주의(hyper meritocracy)화'라고 부르며 비판한다.

《폭소 문제의 일본 교양》에서 코미디언 다나카 유지(田中祐二)는 혼다 선생을 '강함과 약함이 동거하는 느낌'이라고 평했다. 분노란 분명 강함과 약함이 동거하기에 생기는 감정이다. 이 분노는 때때로 다른 사람을 향한 공격으로 표현되기도 하고, 사회를 변혁하는 강한 의지가 된다.

혼다 선생의 책을 보면 독자에게 호소하는 부분이 종종 나온다. 예를 들어 《삐걱거리는 사회》에서는 현대 사회의 온갖 곳에서 '삐걱거림'이 발생한다고 설명한 뒤, 사회를 재구축하기 위해 '당신도 부디 도와주지 않겠습니까'라고 끝을 맺는다.

그녀의 분노는 앞으로 어디를 향할까.

혼다 유키 × 후루이치 노리토시

교육사회학의 정체성이 흔들리고 있다

후루이치 '사회학은 무엇입니까'라는 질문에 어떻게 답하시겠어요?

혼다 바로 답하기보다는 그 질문을 잠깐 유보해도 될까요? 내 전문인 교육사회학은 사회학의 한 분야라고 단순하게 정의할 수 없는 면이 있어요. 교육사회학의 대상은 교육이니까 '어떻게 해야 하는가?' '어떻게 하면 좋은가?'라는 가치와 규범, 희망과 분리해서 논의하기 어렵습니다. 그런데 사회학은 특정한 가치나 규범을 전제로 두지 않는 것이 중요시됩니다. 즉 교육사회학은 당위론에 대한 거리감이라는 면에서 다른 사회학과는 아주 달라요.

후루이치 교육학은 당위론이 강한 학문인가요?

혼다 그렇습니다. 애초에 교육사회학은 전후 미국(정부)의 지시로 교육학부에 도입된 학문이에요. 그런데 연구 접근 방법으로는 사회학 도구를 사용합니다.

그런 의미에서 교육사회학은 교육학의 일부인가 아니면 사회학의 일부인가, 이런 정체성 문제로 계속 고민했어요. 그러므로 교육사회학자라고 자인하는 내가 다른 사회학자를 제치고 '사회학은 이러이러하다'라고 말하는 게 주제넘은 일이라고 생각한다는 점을 미리 밝혀두겠어요.

변명이 길었는데 이렇게 전제를 두고 내가 사회학을 설명한다면 먼저 사회는 '사람들의 상호작용에서 만들어지고, 반대로 사람들의 상호작용을 만들어내는 행위와 의미라는 선택지의 전체 집합'이라고 일단 정의할 수 있겠죠?

그 사회 안에서 행위와 의미의 선택지는 농담(濃淡)이 다양한 구름처럼 떠다니는데, 그것을 다양한 방법론을 사용해서 최대한 망라해 파악하려는 행위를 사회학이라고 생각합니다.

후루이치 처음부터 교육사회학을 배우려고 하셨나요? 아니면 사회학을 배우다가 교육사회학과 만났나요?

혼다 나는 교육에 원한을 품고 교육학부에 들어간 사람이라 코스를 선택할 때도 원래 학교 교육 코스로 나아가려고 했어요. 그런데 어머니가 끼어들어서는 "사회학이 유행한다고 해" "쉬엄쉬엄 공부할 수 있지 않을까?" 같은 말씀을 하시는 거예요. 그때는 어렸고 아는

게 없었으니까, 언뜻 들은 말에 따라 교육사회학을 선택했죠.

후루이치 사회학 전공을 선택할 때도 부모님의 개입이 있었군요. 그런데 지금까지 계속 하신 말씀이지만, 교육에 품은 원한이란 게 구체적으로 어떤 거죠?

혼다 소학교 중학교 고등학교까지, 하나도 즐겁지 않았어요. 특히 중고생 때는 너무 괴로워서 '왜 이런 공부를 시키는 거지?'라는 감정이 늘 있었죠. 학교에서 왜 이렇게 괴로워해야만 하는지 궁금했어요. 그 문제를 생각하려고 교육학부를 선택했죠.

후루이치 지금 돌이켜보면 교육의 어떤 점이 문제였을까요?

혼다 내가 중고생이었을 때는 70년대 끝 무렵부터 80년대 초였어요. 그때는 '입시 경쟁'이나 '관리 교육'이라고 불리는 거품 붕괴 직전의 교육 문제가 비등점에 달한 시기였죠. 게다가 나는 일본에서도 교육에 열심인 '교육 현'이라고 불리는 지역에서 교원인 부모를 두고 태어났으니까 그 시점에서 불행이 정해진 셈이죠.(웃음)

물론 내 경력이 치우친 것은 자각하고 있지만, 당시 내 괴로움을 다른 사람도 공유할 수 있는 형태로 표현하고 설명하고 싶었어요. 교육에 대한 그런 분노로 달음박질해서 지금까지 연구를 계속하는 것입니다.

비인지 능력과 초능력주의

후루이치 그 분노는 교육사회학을 배우면서 해소되었나요?

혼다 이해를 하더라도 현실이 달라지지 않는 한 분노는 사라지지 않아요.

후루이치 그런데 현실적으로 입시 경쟁이나 관리 교육은 예전과 비교해서 이제 나아진 면이 있지 않나요?

혼다 그때와 같은 형태로 남아 있진 않아도 본질은 지금도 변하지 않았어요. 지금까지 일본 교육은 아이들의 가치를 성적으로 자르고, 수직의 평가 기준을 설정해 위에서부터 순위를 매기죠. 그 후에 과도한 입시 경쟁을 반성한다면서 인간력이니 커뮤니케이션 능력이니 하는 새로운 평가 기준을 설정했어요. 그러나 인간의 가치를 다른 사람과 비교하고 상대화해서 줄을 세운다는 점에서는 전혀 변하지 않았어요. 이른바 학력이라는 수직 기준 옆에 이름을 달리한 또 다른 수직 기준이 하나 더 세워진 셈이죠.

후루이치 인간력이나 커뮤니케이션 능력 같은 새로운 수직 기준을 초능력주의라 지적하셨는데요. 최근 교육경제학에서는 아이가 장래에 성공하려면 비인지 능력을 높여야 한다고 말해요. 이 비인지 능력과 초능력주의에서 요구하는 '포스트 근대형 능력'은 아주 흡사한 것 같은데, 어떻게 생각하세요?

혼다 유키 × 후루이치 노리토시

혼다 흡사하죠. 그러니 비인지 능력 같은 개념이 너무 주목을 받는 현상에 신중해지는 편이 좋고, 그보다는 잠재적 역기능을 생각해두어야 해요.

후루이치 잠재적 역기능이라면 어떤 의미죠?

혼다 의도하지 않은 결과를 가져오는 것이 잠재적 기능이죠. 그중에서도 어떤 관점에서 바람직한 결과를 가져오는 것이 순기능이고, 바람직하지 않은 결과를 가져오는 것이 역기능, 그러니까 의도하지 않은 마이너스 결과를 가져오는 것이 잠재적 역기능입니다.

후루이치 '비인지적 능력이 중요하다'라는 주장은 '누구나 양질의 유아 교육을 받을 수 있게 사회를 바꾸어가자'라는 소리라고 저는 이해하고 있어요. 이 경우에 어떤 잠재적 역기능을 생각할 수 있을까요?

혼다 일본은 교육에 지출이 아주 적은 국가입니다. 특히 취학 전 교육과 고등 교육에 지출이 적어요. 그러므로 취학 전 교육에 힘을 쏟아야 한다는 주장에는 찬성합니다.

그러나 비인지 능력은 취학 전 교육을 아무리 풍부하게 해도 반드시 개인 사이에 차이가 발생해요. 그렇기에 그런 능력이 어떻게 형성되고 어떻게 평가하면 좋을지 하는 문제는 신중하게 논의해야 해요. 그런 부분을 모호하게 남겨둔 채로 단어 자체만 앞서가버리면 결국 평가받는 쪽이 평가하는 쪽에 더욱 종속됩니다.

인간력이나 커뮤니케이션 능력에서도 똑같이 말할 수 있어요. 비인지 능력이나 인간력이 없다고 보였을 때, 그 사람 자체가 부정되는 것으로 이어질 수 있으니까요.

게다가 초능력주의에 적응하는 힘은 경제, 문화, 인간관계 등에서 풍족한 가정의 아이가 쉽게 익히죠. 그러면 '인간력이 중요하다' '비인지 능력이 중요하다'라는 견해가 확고해지면 유복한 부모는 돈을 들여서 아이가 그런 능력을 갖출 수 있게 할 테니 불평등을 촉진할 가능성도 있어요.

현재 일본은 이제 남성만으로 지탱할 수 없어요. 여성의 사회 참여를 촉진한다는 관점에서 취학 전 교육 확충은 필요하다고 생각하지만, 비인지 기능을 전면적으로 내세우지 않고도 그런 주장을 충분히 할 수 있습니다.

사회학으로 할 수 있는 것과 할 수 없는 것

후루이치 교육사회학자 입장에서 사회학이 어떤 것을 할 수 있고 어떤 것을 할 수 없다고 보시나요?

혼다 개인적으로 나는 사회학을 사랑하니까 사회학적인 접근으로 설명하는 범위가 아주 넓다고 봅니다. 그러나 아까 말한 '당위론'

혼다 유키 × 후루이치 노리토시

자세와도 겹치는데요. 분석한 뒤에 더 깊이 파고들어 '이렇게 하는 편이 좋다'라고 구체적으로 제언하는 부분에서 사회학자 중에는 일부러 단념하는 사람이 많다는 인상을 받아요.

후루이치 그러고 보면 예전에는 사회학자가 제언하면 '사회학자가 그런 소리까지 하지 마!'라는 비판이 있었다고 들었어요.

혼다 그랬죠. 어쨌든 과거에도 제언하는 사회학자는 꽤 많았을 테고, 최근 들어 '사회에 지침을 주는 것도 사회학자의 중요한 사명이다'라는 발언도 늘고 있어요. 그러니 현재 상황으로는 제언에 부정적인 반응은 적어졌다고 봐요. 오히려 현실에 대한 위기의식이 사회학자 사이에서 강해졌죠.

후루이치 사회학자가 좀 더 제언해야 한다고 생각하시나요?

혼다 사회학이라는 학문은 굳이 제언자 역할을 하지 않아도 충분히 성립해요. 사회학의 핵심이 되는 강점은 사회를 얼마나 또렷하게 잘라내 분석해 보이는가에 있지 않을까요?

후루이치 하지만 세미나에서 학생들이 발표한 후에 선생님은 "임플리케이션(영향)은?"이라고 반드시 물어보시잖아요? 다른 사회학 세미나에서는 없는 문화여서 인상적이었어요. 어떤 영향이 있을지 일부러 묻는 것은 혼다 선생 본인이 연구가 사회에 도움되는 것에 큰 무게를 두고 있기 때문이라고 생각하는데요.

혼다 영향이라고 해도 학술적인 면과 정책적인 면, 두 가지 의미가 있으니까 반드시 정책적 영향력이라는 의미만으로 사용하진 않았어요. 그러나 어떤 상황에서건 자신의 연구가 어떤 의미로 가치가 있는지 설명할 수 있어야 한다는 의식은 강합니다.

현대 사회는 어떤 점이 위험한가

후루이치 혼다 선생이 '이건 용기를 가지고 말했다'라고 할 수 있는 제언에는 어떤 것이 있나요?

혼다 지금도 많이 비판을 받는데 교육의 직업적 의의, 알기 쉬운 말로 하면 직업 교육의 복권을 나는 계속 주장하고 있어요. 일본 사회는 직업 교육이라는 것에 반발이 강해요. 직업 교육이라고 하면 무턱대고 '혼다는 자본주의의 개를 키우려고 한다'라는 자동반사적인 비판이 곧바로 날아와요.

후루이치 그런 자동반사적인 반대가 일어나는 논쟁은 어떻게 하면 좋을까요? 트위터 같은 공간에서는 누구나 실시간으로 척수반사적인 비판을 하는 시대지만요.

혼다 최선을 다해 설명하는 수밖에 없겠죠. '자본주의의 개를 키우자는 소리가 아닙니다'라고.

후루이치 최근 저서를 보면 교육이라는 분야만이 아니라 일본 사회론 같은 연구와 발언이 늘어난 것처럼 보이는데요. 분노의 대상이 일본 전체로 넓어진 건가요?

혼다 교육에 대한 분노도 그 근본을 거슬러올라가면 일본 사회 자체의 구조에서 유래하니까 핵심은 그다지 달라지지 않았어요. 그저 예전에는 분노나 분개였던 것이 지금은 점차 위기감으로 바뀌고 있어요. '이 사회, 정말 괜찮을까' 하는. 거품 붕괴 후에 일본 사회는 폐쇄감이 강해지기만 했어요. 내 눈에는 '엄청나게 위험하다'고 표현해야 할 상황인데, 정책 동향이나 세간의 생각을 보면 내가 느끼는 엄청난 위험성이 절대다수와 공유되지 않은 것 같아요.

그래서 필사적으로 "위험하다고 생각하지 않으세요?"라고 말하고 있고, 그러기 위해서 교육 이야기만이 아니라 일본 사회의 '형태'를 포괄적으로 논의할 필요성이 있죠.

후루이치 그 위험성의 뿌리는 뭘까요?

혼다 내 생각으로는 전후 일본 사회에서 만든 교육·일·가족이라는 세 영역의 독특한 순환 구조입니다. 예를 들어 일은 정규 고용에 따른 연공서열형 임금을 바탕으로 가족에게 월급을 보내는 역할을 담당하고, 가족은 이렇게 얻은 수입으로 아이가 훗날 고학력과 사회적 지위를 갖게 하려고 방대한 교육비를 투자하죠. 그리고 교육은 대학 신규 졸업생 일괄 채용이라는 이름으로 젊은 노동력을 일자리 세계로 보내는 역할을 담당해요.

그렇게 일→가족→교육→일→⋯이라는 순환으로 돌아가는 것이 전후 일본 사회의 모습입니다. 나는 이걸 '전후 일본형 순환 모델'이라고 불러요. 현재 일본 사회는 더 이상 이 모델로 돌아가지 않는데, 바람직한 생활상의 가치나 규범, 발상은 아직 이 오래된 순환 모델에 준거하고 있어요. 그래서 순환 모델 여기저기에서 뒤처져 괴로워하는 사람들이 늘어나죠. 여기에 문제의 중심이 있다는 것이 내 진단입니다.

후루이치 그 오래된 사회 모델을 어떻게 하면 바꿀 수 있을까요? 바꾸기 위해서 가장 힘을 쏟는 제언으로 어떤 것이 있습니까?

혼다 내 제언은 순환 모델을 새로운 사회 모델로 새로 연결하는 것이어서 특정한 어느 부위만 만지면 되는 것은 아니에요. 일이라면 장시간 노동을 강제하는 고용이어서는 안 되고, 교육도 그 내용이 아이들의 현재와 장래 생활과 좀 더 관련성이 있어야 합니다. 가족도 성별 역할 분업을 전제로 해서는 안 되고요.

그렇게 모든 것을 고쳐가다 보면 어떻게든 환경을 파괴하지 않고 유지하는 방향으로 이끌 수 있을지도 모르겠습니다. 그런데 이미 늦었을지도 모른다는 생각도 들어요. 그 정도로 절박한 위기감을 느낍니다.

혼다 유키 × 후루이치 노리토시

사회학자에게 불가결한 자질

후루이치 전후 일본형 순환 모델 분석과 새로운 모델 제안을 읽으면, 바탕에는 루만의 사회 시스템론과 같은 생각이 있는 것처럼 보이는데, 아닌가요?

혼다 싫은 곳을 찌르네요.(웃음) 나는 사회 시스템론을 어설프게 공부한 사람이에요. 뒤르켐, 파슨스, 루만을 읽고 석사 논문도 썼죠. 독학한 것이라 수준은 낮지만, 대학원 시절에는 사회 시스템론을 내 연구의 이론 틀로 삼았고 지금도 발상이 비교적 거기에 고착되는 면이 있어요.

후루이치 대학원생 시절에 루만 등을 읽어두어서 좋았다고 생각하시나요?

혼다 그렇게 생각합니다. 어중간하게 사용하고 있어서 부끄럽기도 하지만, 사회를 파악하려 할 때 나를 도와줄 도구를 갖췄다는 점에서 도움이 되었어요. 지금도 '과거 사회학의 거장을 공부합시다' 같은 취지의 강의를 맡고 있는데, 다시 읽을 때마다 재미있고 열렬히 토론할 거리가 있어요.

후루이치 한편으로 계량적인 분석도 하시죠.

혼다 내 계량 분석은 '계량할 수 있다'고 말하기에는 부끄러운 수준이에요. 계량 분석 수법은 하루하루 발전하고 있으니까요.

후루이치 학창 시절부터 계량 분석도 의식적으로 하셨나요?

혼다 대학과 대학원 커리큘럼에 포함되어 있어서 기본은 그때 배웠어요. 그 뒤로는 연구 필요에 따라서 사용하는 정도입니다.

후루이치 도쿄대학 교육사회학은 손에 꼽히게 학생을 열심히 가르치는 코스로 유명하잖아요. 제대로 된 커리큘럼도 있고 대학원생도 사회조사 능력을 어느 정도 습득하고 졸업하는 사람이 많다는 인상을 받아요.

혼다 대학원보다 오히려 학부 교육이 밀도가 높을지도 몰라요. 도쿄대학은 전문적으로 교육하는 기간이 학부 후반 2년뿐이어서 한정된 시간에 교육사회학을 어느 정도 배우게 하려고 농도가 진한 커리큘럼을 꾸립니다. 대학원은 학부 공부를 전제로 더 끌어올리는 방식이어서 학부와 비교하면 느슨하고 자유도도 높은 편이에요. 그래도 교육에 상당히 열심인 코스인 점은 분명합니다.

후루이치 사회학에 적합한 사람은 어떤 사람일까요?

혼다 사회와 거리감을 느끼는 사람이 좋습니다. 사회학 거장들을 봐도 사회에 흠뻑 잠기지 않은 사람이 사회학이라는 학문을 완성하는 데 지대한 공적을 이루었어요. '사회는 뭘까?' '왜 나는 위화감을 느끼지?' 생각하고 사회와 자신을 관찰하는 시선을 일상적으로 지닐 것, 이것이 사회학을 하는 불가결한 자격입니다.

자신과 사회 사이의 미묘한 거리감에 위화감을 느끼면서 자기 자신

혼다 유키 × 후루이치 노리토시

에게도 되묻습니다. '도대체 나는 어떤 입장에 서서 세상을 말하고 있는가.' 이렇게 음미하는 자세가 항상 필요합니다. 나는 다행인지 불행인지 10대 때부터 완벽하게 그런 사람이었어요. 그런 점에서는 행운이었겠죠.

후루이치 그런데 그런 사람도 점차 사회에 적응하지 않나요?

혼다 왜요? 후루이치 씨가 그랬나요?

후루이치 연구 성과가 사회의 인정을 받는다는 것은 어떤 의미에서 자신이 사회에 받아들여진 거잖아요. 사회학자뿐만 아니라 소설가나 창작가도 자신의 성공과 함께 사회에 품은 분노가 사라지는 사람이 많다고 봐요. 저는 원래 분노가 아니라 호기심으로 사회학을 선택해서 그런 감정을 잘 모르긴 하지만요.

혼다 그래도 이 책에서 후루이치 씨가 이야기를 들은 사회학자는 모두 위화감을 계속 유지하는 사람들이잖아요.

후루이치 그렇죠. 역시 자신의 체험이 뿌리 깊은 사람이 많은 것 같아요.

혼다 그걸 단순히 자기 체험담으로 말하는 데 그치지 않고 얼마나 일반화할 수 있는지 도전하는 사람들이죠. 상대가 사회인 이상, 위화감이 그렇게 간단히 사라지진 않아요.

사회의 재구성, 1순위는 노동

후루이치 현재 사회에 위화감이 있다면, 혼다 선생이 이상으로 여기는 사회는 어떤 사회인가요?

혼다 나는 이상이나 이념을 내거는 것이 아니라 사회를 돌아가게만 해주면 된다고 생각해요. 생각이 꽤 실용주의적이죠.

후루이치 '사회가 돌아간다'는 건 어떤 뜻이죠?

혼다 사회적으로 배제되는 사람이 최대한 나오지 않게 하고 사회가 이어지는 것입니다. 극도로 괴로운 사람을 줄이는 것, 그렇게까지는 괴롭지 않은 사람들이라도 어떤 구렁텅이에 빠지거나 부정적이 되지 않고 해나갈 수 있으면 돼요. 이 정도 이미지입니다.

후루이치 그러려면 전후 일본형 모델을 재편성해야 할 텐데요, 우선순위로 따져서 어디서부터 손을 대야 할까요?

혼다 가장 중요한데 변화가 가장 느린 곳은 일의 세계입니다. 질릴 정도로 반복해서 말하고 있는데, 일본 사회는 정규직과 비정규직의 차이가 너무 커요.

정규직은 정규직대로 '가족이니까 뭐든지 해줘'라면서 과중 노동·장시간 노동을 강요하는 것이 당연한 세계가 되었죠. 한편 비정규직은 '가족이 아니니까 특정한 업무만 해주면 되고 그 업무가 필요 없어지면 언제든 자를 거야'라면서 마치 고용 상황을 유동적으로

혼다 유키 × 후루이치 노리토시

조정하는 밸브라도 되듯이 필요할 때 쓰고 소용이 다하면 버리는 식으로 취급하죠.

요즘 들어 이 두 가지의 나쁜 점만 모은 형태로 '뭐든지 해줘야 하지만 월급은 올려줄 수 없고 언제든 자를 거야'라는 말도 안 되는 노동이 정규직의 '블랙기업화'와 비정규직의 '블랙아르바이트화'라는 형태로 양쪽에서 일어나고 있어요. 이처럼 일하는 사람이 점점 마모되는 노동 방식을 강요하는 단계에서 이미 이 사회에 미래는 없다고 생각해요.

후루이치 그래도 혼다 선생이 주장해온 제도가 조금씩 현실화되고 있지 않나요? 장시간 노동을 바로잡으려고 하고 동일노동 동일임금을 지향한다거나.

혼다 나는 현 정권에 비판적인데 '혹시 내 책을 읽은 거 아니야?' 하고 생각할 때가 종종 있어요.(웃음) 그런데 표면적인 메시지만 보면 비슷해 보일지 모르는데, 그렇게 만들어가기 위해서 무엇이 필요한지에 대한 논의는 너무나 부족하죠.

노동 방식이라는 점에서는 정규직, 다시 말해 일의 범위가 명확한 동시에 고용 안정성도 어느 정도 확보되는 노동 방식을 도입해야 해요. 그런데 정부는 거기까지 명시적으로 언급하지 않아요. 이 부분이 달라지지 않으면 새로운 사회 모델은 만들 수 없어요.

통념을 어떻게 뒤집을까

혼다 나도 후루이치 씨에게 질문해도 될까요? 지금까지 여러 사람에게 사회학은 무엇인지 질문했을 텐데요, 후루이치 씨에게 사회학은 무엇인가요?

후루이치 사람들은 지금 여기에 있는 자신이나 사회가 전부라고 믿기 쉽죠. 그런데 '이 사회가 전부가 아니다'라는 다른 선택지나 가능성을 역사, 제도, 의식 분석 등 다양한 수법으로 보여주는 것이 사회학의 역할이라고 생각해요.

혼다 질적이든 양적이든 앞으로 본격적인 조사를 할 생각인가요?

후루이치 계량조사는 잘하는 분이 많이 있으니 안 하겠지만, 질적인 조사는 타이밍을 봐서 할지도 모르겠어요.

혼다 왜 이 질문을 했느냐면, 사회학은 사회 현실을 최대한 제대로 파악하려고 계속 발버둥 치는 것이 굉장히 중요하다고 생각하기 때문이에요.

자신의 가설이나 예상을 뒤집는 결과가 나오면 내가 뭘 잘못했는지 질문을 던지면서 다시 한 번 현실을 향해 가죠. 무슨 수를 써도 사회 전모를 파악할 수는 없겠지만, 가능한 모든 수단을 이용해서 사회 현실을 파악하고, 동시에 자신의 시선도 계속 음미합니다. 이러한 사회학에 사회조사는 중요한 기둥이 되어줘요. 그런데 후루이치 씨에게는 아직 그 중요한 기둥이 잡히지 않은 것 같고, 그게 당신이 사회학자라는 직함을 쓰는 것을 위험하게 만드는 불안 요소라고 생각해요. 보고 싶은 것만 보고 있으면 안 돼요. 노파심에서 한 말이니 흘려들어도 좋습니다.

후루이치 지금 기업가를 대상으로 과거에 기업가를 대상으로 이루어졌던 논의의 변화를 조사하고 있고, 박사 논문으로 정리하고 싶어요. 박사 논문에서는 혼다 선생의 '기업가란 이런 거다'라는 통념을 뒤집고 싶어요.

혼다 어떤 통념을 뒤집으려는 거죠?

후루이치 기업가는 반짝반짝 빛나고 현실에 만족하면서 사는 것처럼 보일 때가 많잖아요. 그런데 사실은 다들 의외로 사회에 대해 열심히 생각하고 있고, 일종의 박해도 당하고 있어요.

혼다 그런데 그러려면 통념이 사회에 일반적으로 공유되는지 아닌지 확인한 후에 하는 편이 낫지 않나요?

후루이치 그걸 어떻게 확인할 수 있을까요?

혼다 먼저 재료를 모아요. 예를 들어 커뮤니케이션 능력이라면, 여기저기에서 "커뮤니케이션 능력이 중요하다"라는 소리가 툭하면 들리니까 통념으로 봐도 좋겠지, 바로 이 단계에서부터 이야기를 시작하는 겁니다.

후루이치 그런데 그와 반대되는 의견도 잔뜩 모을 수 있잖아요. 그런 의미에서 통념을 뒤집는 것이 점점 어려워지지 않을까요?

혼다 상식 자체가 다양화하고 있다는 뜻이군요?

후루이치 네. 20년 전이라면 상식을 완벽하게 뒤집을 수 있었을지도 모르는데, 지금은 모두 "사실은 이렇다니까"라는 말을 일상적으로 해요.

혼다 정말 그래요. 그런데 사회가 폐쇄된 만큼 "이건 좋다" "이건 안 돼"라고 대상에 플러스/마이너스 가치를 부여하는 것이 예전보다 극단적이 된 상황도 있어요. 그런 극단적인 가치 부여에 대해서 "이건 그렇게 좋은 게 아니다" "이것도 그렇게 나쁘지 않아"라고 제시해주는 것도 통념을 뒤집는 것이죠.

굳어진 통념 내부의 잠재적 역기능을 찾아내는 일이 앞으로 더욱 필요해질 거예요. 후루이치 씨가 그런 대담한 행동을 해줬으면 좋겠어요. 버라이어티 방송에 나가서 악플 같은 발언이나 하고 있을 상황이 아니에요.

12

가이누마 히로시 선생에게
'사회학의 장래'를 묻다

가이누마 히로시 開沼博

1984년 후쿠시마 현 이와사키 시에서 태어났다. 리츠메이칸대학 기누가 사종합연구기구 준교수, 동일본국제대학 객원교수다. 도쿄대학 문학부를 졸업했고 같은 대학 학제정보학부 사회학 박사 과정에 있다. 저서로 《후쿠시마론》《후쿠시마의 정의》《표백된 사회》《첫 후쿠시마학》 등이 있고, 공저로 《지방의 이론》《원전피난론》, 편저로 《후쿠시마 제1원전 폐로 도감》 등이 있다.

'후쿠시마'를 말하긴 어렵다. 악플 사태로 발전할 불씨가 워낙 많아서 무난한 이야기만 하게 된다. 나도 그런 경험이 있다. 그렇게 어려운 후쿠시마 문제를 계속해서 다루는 사람이 바로 가이누마 히로시다.

가이누마와는 우에노 지즈코 선생의 세미나 합숙에서 처음 만났다. 일반적인 학생은 하나만 발표하기도 벅찬데 그는 무슨 이유에선지 두 가지 주제를 발표했다. 하나는 오토포이에시스,* 다른 하나는 후쿠시마였다. 그때가 2009년이었다.

그렇다. 가이누마는 3.11 동일본대지진 이전부터 후쿠시마를 연구했다. 그리고 원자력 마을을 주제로 한 석사 논문을 제출하고 두 달 뒤 지진이 일어났다. 그날부터 지금까지 가이누마는 후쿠시마와 원전 사고에 관해서 매우 믿음직한 논객으로 활약하고 있다.

특히 2011년 6월에는 석사 논문을 기초로 한 《후쿠시마론》을 발표해 크게 주목받았다. 그 수개월 후에 내가 《절망의 나라의 행복한 젊은이들》을 출판하기도 해서 가이누마와는 신문이나 잡지에서 여러 번 대담을 나눴다. 당시부터 관록이 대단하던 가이누마는 나와 같은 시대 사람이다. 2011년, 우리는 스물여섯 살이었다.

가이누마의 흥미와 관심은 폭이 넓다. 그리고 전성기의 미야다이 신지

---

* auto poiesis, 자기를 뜻하는 오토와 제작이라는 뜻의 포이에시스가 합쳐진 말로, 자기제작, 자기창출이라고도 한다. 현실이 현실에 의해 자기 구성된다는 논의다.

선생처럼 몸놀림이 가볍다. 《표백된 사회》에서는 '매춘 섬'*이나 노숙자 여성부터 불법 카지노, 불법 도박, 야구 도박까지 현대 사회의 주변부를 면밀하게 스케치했다.

그의 말은 때때로 도발적이고 자극적이지만(앞으로 나올 대담에서도 그렇다), 균형이 잘 잡힌 말을 하는 사람이다. 원자력발전소에도 쉽게 찬성이나 반대를 말하지 않는다. 그래서 이데올로기를 내세우는 사람들에게 매정하다는 비판을 받기도 한다. 그러나 절대 흔들리지 않는 사실은 그가 2011년 이후 계속해서 후쿠시마를 진지하게 연구하고 사회에 전달하려고 노력했다는 점이다. 한 권으로 후쿠시마를 개관할 수 있는 《첫 후쿠시마학》은 고이즈미 신지로도 절찬한 바 있다. 최근에는 《후쿠시마 제1원전 폐로 도감》의 편집을 맡아 방대한 정보를 모은 도감을 완성했다. 가이누마를 비판한 '양식 있는 지식인' 대부분은 후쿠시마에 이제 질리기라도 한 양 집단자위권이나 헌법 개정 논의에 열중하고 있다. 참고로 2012년에 발표한 《후쿠시마의 정의》를 보면 가이누마는 사태가 이렇게 되리라 예측한 듯 보인다.

가이누마의 냉철함이 지금 후쿠시마를 둘러싼 논의에 꼭 필요하다. 나아가 그것이 일본이기에 할 수 있는 사회학의 수준을 높여줄 것이다.

---

*   일본 미에 현의 와타카노시마 섬을 가리킨다.

가이누마 히로시 × 후루이치 노리토시

현장과 이론을 누빈다

후루이치 이 책에서는 여러 사회학자에게 '사회학은 무엇입니까'라는 질문을 던집니다. 같은 질문부터 시작하려고 하는데요. 가이누마 씨는 학생이나 사회인이 '사회학은 무엇입니까'라고 질문하면 어떻게 대답하나요?

가이누마 한마디로 짧게 말하면 "근대 사회란 무엇인가를 파악하는 학문입니다"라고 대답합니다. 정치학은 정치 현상을 다루고 물리학은 물리 현상을 다루죠. 그와 마찬가지로 사회학은 사회 현상, 특히 근대의 사회 현상을 고찰하는 학문이라고 설명하죠.

예를 들어 근대 가족은 전근대 가족과 양상이 달라요. 관료제란 무엇인가 하는 것 또한 근대의 시스템과 관련이 깊습니다. 그런 이야기를 학생들에게 합니다.

후루이치 학생들 반응은 어떤가요?

가이누마 '그냥저냥'이라는 느낌입니다. 학생들에게는 평론적인 시점에서 AKB 같은 아이돌이나 포켓몬고를 분석하는 편이 인기가 좋아요 그런 방향으로 사회학을 설명하는 게 잘못은 아니고요. 그래도 그것만이 사회학은 아니니까요.

후루이치 정의하는 것은 역시 어렵죠.

가이누마 사회학자 각자가 정의하고 있을 텐데 일반인에게 말할 만한 공통적인 대답을 좀처럼 찾기 힘드네요.

후루이치 가이누마 씨는 언제부터 사회학에 흥미를 느꼈죠?

가이누마 고등학생 때 〈스파(SPA!)〉 같은 잡지에서 미야다이 신지 선생의 문장을 읽은 게 계기였어요. '오호라, 세상에 느끼는 위화감을 이렇게 언어화할 수 있구나' 하고 납득했습니다. 그 밖에도 〈스파〉에는 당시 젊은 사회학자의 코멘트도 있었고 평론가인 다케다 도오루(武田撤)도 연재하고 있었죠. 사회학이 뭔지도 모르고 '이 사람 생각이 참 재미있네' 싶어서 직함과 프로필을 보니까 사회학자라 되어 있고 대학원에서 사회학을 전공한 사람이라는 거예요. 그때 처음 사회학이라는 존재를 알았습니다.

후루이치 원래는 어떤 진로를 생각했어요?

가이누마 아버지가 의사여서 고등학교 3학년 2월까지 의대에 진학하려고 이공계반에서 공부했어요. 사실 의사가 되고 싶다는 마음은 전혀 없었죠. 장래에 희망하는 직업을 쓸 때면 당시 격투기를 열심히 했으니까 격투가라고 썼어요. 그런데 아무리 노력해도 능력의 한계가 보여서 진로로는 고민하고 있었죠.

후루이치 그럼 입시 직전에 인문계로 진로를 변경한 거네요.

가이누마 네. 그래도 이공계 공부를 해두어서 좋았어요. 사회 상황을 구조적으로 분석하려면 이공계적인 두뇌를 사용하니까요. 미야다이 선생의 문장도 매우 논리적으로 논의를 진행하는 점이 재미있었고, 뛰어난 사회학자는 이공계적으로 사고하는 사람이 많은 것 같아요.

후루이치 대학에 입학한 뒤에는 오로지 사회학에 매진했나요?

가이누마 그렇지도 않습니다. 아카데믹한 학문에 집중하기 전에 경험을 다양하게 쌓고 싶어서 학부생 때는 학생 벤처 같은 회사에서 일하기도 하고 잡지에 글을 쓰기도 했어요. 나를 사회학으로 인도해주신 분은 미야다이 선생이나 우에노 지즈코 선생이었기에 현장과 이론을 왕복하는 것이 사회학을 하는 중요한 요건이었어요.

후루이치 제가 가이누마 씨와 처음 만난 것도 우에노 지즈코 선생의 세미나 합숙이었죠. 관록이 있어서 처음에는 같은 세대인 줄 몰랐습니다. (웃음)

3.11로 느낀 책임윤리

후루이치 가이누마 씨는 2011년에 낸 《후쿠시마론》 이후, 세간에서 후쿠시마 전문가처럼 여겨지잖아요? 그런데 원래는 후쿠시마만 연구 대상으로 삼은 건 아니었죠. 잡지 작가로서 매춘이나 우익, 신주쿠 가부키초 등 다방면을 취재했어요. 그렇게 관심 분야가 다양한 가운데 후쿠시마 원자력발전소를 석사 논문 대상으로 정한 이유는 뭔가요?

가이누마 나는 '득 되는 것'을 꽤 좋아하는 사람이어서 일거양득이 되는 연구를 하고 싶었어요. 특히 석사 논문은 훗날까지 남으니까 깊이와 범위 면에서 보람 있는 것을 쓰고 싶었죠.

그렇게 생각했을 때 후쿠시마라면 원자력발전소 이야기인 동시에 전후 역사론으로도 쓸 수 있죠. 게다가 에너지 정책론이나 글로벌 핵 군축 이야기까지 넓힐 수 있어요. 필드 하나로 지역사회학과 과학사회학, 역사사회학까지 커버할 수 있다는 것이 큰 이유였습니다. 또 하나는 이 책에서 사토 도시키 선생이 말한 '감촉'입니다. 후쿠시마에는 '뭔가 다르다'는 감촉이 있었어요.

후루이치 어떤 감촉이었나요?

가이누마 사회학은 하이픈 사회학이라고 불리기도 하는데 '○○사회학'이라는 형태로 차츰차츰 개별화된 역사가 있습니다. 세분화하는 과정에서 협소해진 것처럼 보이기도 합니다. 후쿠시마라는 연구 대상은 그런 협소해진 개별 사회학의 경계에 발을 걸치며 각각의 사회학 안에서 주류라고 여겨지는 관점을 때려 부수는 대상이 아닐까, 그런 감각도 있었습니다.

후루이치 가장 부수고 싶은 건 뭐였나요?

가이누마 먼저 외부의 거만한 시선입니다. 후쿠시마를 대상으로 한 연구에서도, 후쿠시마와 전혀 관계가 없어 보이는 《표백된 사회》 같은 연구에서도 일관된 관점입니다. 과도한 현장주의에 가담할 생각은 없었고 사실이 뭔지 모르고 단편적인 소리만 듣고 전부 안다는 듯 입을 열어 하는 말들을 무너뜨리고 싶었어요.

후루이치 석사 논문이 도쿄대학에 제출된 때가 2011년 1월이었고, 그로부터 겨우 2개월 후에 3.11 대지진이 일어났죠. 그리고 6월에 그 석사 논문이 《후쿠시마론》이라는 제목의 책으로 출간되었어요. 굉장한 우연의 일치인데 《후쿠시마론》의 저자로서 3.11을 어떻게 받아들였나요?

가이누마 3.11 때 가장 큰 충격은 사회학 이론을 한다며 평가가 높았던 사람들이 전혀 응용력이 없었다는 점입니다. 그런 사회학자나 언론인을 수없이 보면서 관념적인 것이나 문명론에 대한 동경이 사라졌고, 오히려 그런 기득권에 안주하고 앉은 독불장군 같은 쓸모 없는 자들이 사태를 혼란스럽게 만든다고 뼈저리게 느꼈습니다.

또 하나는 구체적인 연구 자세라는 점에서 말하면 사회학뿐만 아니라 학문의 묘미로서 자신의 가설이나 분석이 뒤집히는 재미가 있지 않습니까? 가설을 뒤집는 사실이 생기면 그것을 설명하려고 가설을 더욱 가다듬죠.

그렇게 생각했는데 3.11 이후로는 분석이 뒤집히면 사람이 죽어버린다고 통렬하게 느꼈습니다. 내가 허튼소리를 하면 사람이 죽을지도 모른다고요. 이건 베버가 말하는 책임윤리와 비슷한 것 같아요. 베버는 윤리적인 행위를 심정윤리와 책임윤리 두 가지로 나누어 정치가에게는 책임윤리가 필요하다고 했습니다. 즉 정치가는 심정적으로 주저하고 저항이 있더라도 최종 결과를 생각하고 행동해야 한다는 겁니다. 정치와 학문의 역할이 다르다는 것 자체도 베버의 중요한 주제이기도 합니다만, 학문이 너무도 무책임한 윤리관을 바탕으로 움직이는 데 경악했습니다. 사람들의 심정, 신조에 다가가는 척하면서 사고를 정지한 채로 현장에서 위해가 확대되는 데 학문이 가담했어요.

사회학을 포함해서 인문사회 계열의 논자는 그런 책임윤리가 조금 부족한 것 아닐까요. 그때그때 듣기 좋은 소리를 하면 살기 어려운 사람들 사이에서 컬트적인 카리스마가 되어 기분이 좋을지는 모르겠으나, 장래 결과까지 시야에 넣고 논의하지 않으면 극단적으로 말해 이공계 전문가나 행정관에게 멍청이 취급을 받습니다. '사회를 바꾸기는 뭘 바꿔'라고요. 이러니 인문계 폐지론이 나오고도 남지요. 사립대학을 포함해서 대학 교원에게는 세금에서 자원이 나가고 있으니까요.

후루이치 책임윤리를 갖고 후쿠시마나 원전을 말하는 언론인은 정말 적은 것 같아요.

가이누마 원전 이외에서도 마찬가지입니다. 약자를 발견하고는 "불안하죠?"라고 말하고 끝이에요.

후루이치 사회학은 약자를 발견하기 좋아하니까요.

가이누마 아주 좋아하죠. 발견해서 과제를 해결한다면야 좋지만, 그저 희생양을 찾아 규탄하고 대중의 불안을 선동해 적개심과 고립감을 주고 "선생님, 어떻게 하면 좋을까요?" 하는 신뢰를 받는 쾌감을 느끼고 끝이에요.

후루이치 사회적인 과학이 아니라 문학적으로 사회학을 하는 사람이 많은 것 같아요. 예를 들어 《미타 무네스케 저작집》에 여러 사회학자가 코멘트를 했는데, 그걸 보니 마치 종교가에게 보내는 신자의 코멘트 같았어요.

어떤 의미에서 미타 무네스케 선생은 문학으로 읽혔고, 그 추종자들도 문학을 하고 싶었던 것 아닐까요? 그렇게 생각해보면 일본의 사회학에는 '문학파'라고 불러도 좋을 흐름이 있을지도 모른다는 생각이 들었어요. 가이누마 씨의 연구 자세와는 아주 다르죠.

가이누마 그렇죠. 저도 좋아하긴 합니다만. 그래도 지금 내가 다루는 대상에 필요하진 않아요.

사회학에는 포괄적인 것과 틈새의 것, 양면이 필요합니다. 그런데 실제로는 원전 문제도 그렇고 오키나와 빈곤 문제에서도 그렇고 시야가 협소한 논의가 보여요.

후쿠시마나 원전을 포괄적으로 말하려면 방사선이나 원자로, 에너지 정책, 후쿠시마라는 로컬한 지역의 역사와 커뮤니티, NPO론·볼런티어론을 포함한 사회운동론, 농업 경제나 관광학이나 경제·지리적인 이론 구조, 이걸 다 알아야 합니다. 그렇게 확장한 후에야 포괄적인 말을 할 수 있게 되죠.

머리나 손발을 움직일 마음이 없다면 그냥 틈새의 것이나 하라고 말하고 싶습니다. 약자를 발견하고 이용해서 포괄적인 척을 하다가 종료해버리는 행동만 하니까 짜증이 나요.

모두 후쿠시마에서 철수했다

후루이치 제가 보기에 가이누마 씨처럼 후쿠시마와 원전에 계속 관심을 보이는 연구자는 없어요. 원래는 아주 다방면에 관심을 둔 가이누마 씨가 결과적으로 후쿠시마에 제일 열심히 참여하게 된 현상이 왠지 신기하게 보여요.

가이누마 정말 그래요. 나도 해야 할 일이 많았고, 처음에는 다른 사람이 제대로 할 테니까 내가 계속 참여하지 않아도 괜찮다고 생각했어요. 그런데 모두 2, 3년쯤 지나자 철수해버렸죠. 대체 사회를 언제 바꿔주려나 싶었죠.

후루이치 그러고 보면 원전 반대라고 목소리를 높이던 연구자 중에도 집단자위권이나 헌법 9조 같은 다른 뜨거운 주제로 흘러간 사람이 아주 많아요.

가이누마 횡전개 패턴이죠. 횡전개는 범위가 점점 넓어지니까 그래도 괜찮아요. 짜증이 나는 것은 '들어 올린 손을 내려놓지 못해서 반대로 화를 내는 패턴'입니다. 이게 참 큰일이에요. 멋대로 '후쿠시마는 위험하다' '후쿠시마는 탈핵을 위한 신성한 곳이다'라며 운동을 벌이다가 그 지역에서 미운털이 박히고, 벌여놓은 일을 수습하지도 못하죠.

후루이치 가이누마 씨의 《첫 후쿠시마학》에 있는 '후쿠시마를 향한 고맙지만 폐가 되는 12개 조항'에 딱 들어맞는 이야기네요.

가이누마 그렇죠. 학자·문화인이 저지르는 언론 공해입니다. 그래서 후쿠시마에 관한 논의에서는 한정된 시간 내에 일단 전제 조건을 준비하는 것과 멋대로 만들어진 엉터리 전제 조건을 사실에 따라 수정하는 것이 가장 중요한 과제라고 생각합니다. 그 열두 개 조항은 그걸 최대한 간단히 전달하려고 정리한 것이죠.

후쿠시마를 둘러싼 다양한 언설이 혼란스럽게 여겨지는 배경에는 오리엔탈리즘적이라고 해도 좋을 피해자에 대한 이상화 혹은 이데올로기에 근거한 이용이 큰 요인으로 존재해요. 한편으로 후쿠시마 문제에는 저출생 고령화, 의료 복지 시스템 붕괴, 커뮤니티 재구축 필요성 등 현대 사회가 직면한 문제가 모두 집약되어 있습니다. 그렇기에 조심해서 풀어가야 하죠. 동시에 3.11은 세계사에 남을 사건이기도 합니다. 이 문제에서 늘 논의의 개척자로 있는 가치는 아주 커요.

나 자신에게도 앞으로 다른 문제를 풀어내기 위해 반드시 도움이 될 중요한 공부입니다. 그렇게 생각하기에 당분간은 후쿠시마를 계속 연구하려고 합니다.

후루이치 모두 철수해서 횡전개하거나 고맙지만 폐가 되는 발언이 이어진 데서 무력감을 느낀 적은 없나요?

가이누마 물론 있습니다. 항상 무력감을 느끼며 살아요. 그렇기에 후쿠시마라는 대상을 다룰 때 전제 조건을 바꿀 필요성이 크고, 거기에서 사회학적인 사고가 할 역할도 크다고 생각합니다.

자화자찬 같은데, 후쿠시마 사람들이 《첫 후쿠시마학》에 보인 반응은 대단했어요. '이런 지식을 알아두면 내 몸을 지킬 수 있을 거다' '글을 읽으면서 드디어 내가 여기에서 생활한다는 자신감을 되찾을

가이누마 히로시 × 후루이치 노리토시

수 있었다'라면서요. 후쿠시마 농민들은 사람들에게서 "독을 만들지 마!"라는 소리를 들어요. 물산전에 출품하면 후쿠시마산이라고 안 순간 사람들이 침을 퉤 뱉어요. 후쿠시마 현에서 야외 이벤트를 연다고 알리면 인터넷으로 연락처가 퍼져서 "미친 거 아니야" "아이를 장애인으로 만들 셈이야"라는 욕설이 쇄도하고요. 대중매체에 노출되지 않을 수준의 그런 에피소드를 현장에서는 얼마든지 볼 수 있습니다.

딱히 누군가를 구하겠다는 생각으로 책을 쓰지는 않았습니다. 사실을 사실로서 공유하고, 수많은 의도 중에서 어긋난 논의를 바로잡았어요. 행정도 자연과학도 어떻게 손을 대야 할지 모르는 후쿠시마 문제에 사회학적인 접근으로 한 가지 해결책을 제시했다고 생각합니다.

후루이치 《첫 후쿠시마학》은 정말 사실적이고 실용적인 책입니다. 현재 출입이 제한된 지역은 후쿠시마 현 전체 중에서 2.4퍼센트 정도라거나, 대지진 이전에 후쿠시마에서 살던 사람 중에서 현재 현 밖에서 거주하는 사람은 2.5퍼센트 정도라거나. 이렇게 단순한 숫자를 제시해서 세상의 이미지가 얼마나 실태와 떨어졌는지 보여주었어요.

현대판《백과전서》의 필요성

가이누마 《후쿠시마 제1 원전 폐로 도감》이라는 책 서두에 쓴 말인데, 요즘 모두 정보공개가 중요하다고 말하죠. 그런데 원전 문제에 참여하면서 정보 은폐의 병폐 이상으로 정보가 너무 넘쳐도 사고가 정지해버리는 문제를 통감했습니다.

너무 많은 정보는 정보가 없는 것과 같아요. 무진장 늘어난 정보에 사람들은 혼란을 일으키고, 헛소문이나 한쪽으로 치우친 지식이 퍼져나갑니다. 그렇다면 그걸 정리하는 작업이 필요해지는데, 그때 18세기 중반에 편찬된《백과전서》같은 정리를 하면 참고가 되리라 생각했습니다.

후루이치 《백과전서》요?

가이누마 네. 18세기는 산업혁명과 함께 학문 분야가 세분화한 시대입니다. 그전까지와는 비교도 되지 않을 만큼 정보량이 늘었는데 학문적인 지식은 사회 안에서 따로따로 떨어져 존재했어요. 그 지식을 체계적으로 정리해서 누구나 참고할 수 있는 '지식의 플랫폼'으로 만든 것이《백과전서》입니다.

마찬가지로 현대에도 IT가 발달함에 따라 정보가 엄청나게 늘어났어요. 그래서 전체 상황이 잘 보이지 않아요. 그러니 현대의《백과전서》가 될 법한 지식의 플랫폼을 정비할 필요가 있죠.《후쿠시마

제1원전 폐로 도감》도 그런 의도로 만든 책입니다.

후루이치 저도 한때 미래 도감이나 사회 도감을 만들려고 생각한 적이 있는데 너무 어려워서 포기했어요. 도감을 만든다는 건 어떤 분야에 대한 지식의 외연을 확정하는 작업이잖아요. 그건 무리일 것 같았어요.

그래도 가이누마 씨의 말뜻은 잘 알겠습니다. 인터넷에도 폐로 정보가 얼마든지 굴러다니는데 외연이 없고 정보도 옥석이 혼재되어 있으니까 어디에서부터 전모를 파악하면 좋을지 알 수 없어요. 그럴 때 《후쿠시마 제1원전 폐로 도감》 같은 책이 있으면 참 편리하고 납득도 하겠지요. 앞으로 또 다른 도감을 만들 생각인가요?

가이누마 그런 마음은 있습니다. 어떤 대상으로 만들지는 아직 생각하지 않았지만, 도감 제작이 재미있는 작업인 것은 분명하니까요.

후루이치 도감 제작의 어떤 점에 재미를 느끼시나요?

가이누마 3.11 이후의 언론 상황을 보면 사실보다 의견이, 공정한 견지보다 정의가 선행해버렸습니다. 그 결과 언어가 폭주해서 혼란스러워졌죠.

입장이 있는 의견이나 정의를 압도하는 팩트를 쌓고, 거기에 최대한 공정성을 적용하는 작업은 기존의 낡은 지식을 근본부터 업데이트하는 감각도 함께 느낄 수 있습니다. 그게 재미있어요. 후루이치 씨도 도감을 만들면 좋을 거예요.

후루이치 씨, 사회학은 무엇입니까

가이누마 이번에는 내가 질문을 하고 싶은데요, 후루이치 씨에게 사회학은 무엇인가요?

후루이치 가능했을지도 모르는 사회나 자신을 구상하는 학문일까요. 우리는 일상생활에 익숙해지면 '이 사회'나 '지금 여기에 있는 자신'을 절대시하잖아요. 그럴 때 '이런 사회도 가능했다'거나 '나 자신을 이런 견해로 볼 수 있다'고 대안을 제시하는 것이 사회학의 중요한 역할이라고 생각합니다.

얼마 전까지만 해도 현상을 분석하기만 하면 된다고 생각했는데, '이렇게 제도를 바꾸면 사회는 더 좋아지지 않을까' 하고 제안한 것이 《아이는 국가가 키워라》라는 책입니다.

그런데 여러 사회학자에게 잔뜩 물어본 뒤에 이런 말을 하기는 좀 그런데 '사회학은 무엇인가'의 정의는 그다지 의미가 없다는 생각이 들어요.

가이누마 그럼 사회학'자'는 뭘까요?

후루이치 뭘까요. 나 자신을 사회학자라고 말할 때마다 "너는 아직 사회학자가 아니야"라는 지적을 몇 번이나 받았습니다. 아직 박사학위를 따지 못했고 동료평가를 받은 논문을 몇 개 쓰지 못했기 때문이라고 합니다. 그걸 사회학자의 기준으로 삼기에는……

가이누마 그런 기준이라면 지금 교수진 중에도 제외될 사람이 있지요.(웃음)

후루이치 그렇죠. 그러니까 나를 비판하면 할수록 알고 보면 사회학계가 위험해지는 구조입니다.(웃음)

가이누마 사회학자라는 직함이 언제부터 매체에 등장하기 시작했을까요?

후루이치 가토 히데토시(加藤秀俊) 선생한테 들었는데 학생운동의 영향이 있었다고 해요. 학생운동 시기에 대학을 떠난 연구자는 스스로 'OO대학의 교수'라고 소개하지 못하니까 사회학자나 철학자라는 직함을 사용하기 시작했다고 합니다. 가토 선생도 전후에 자주적으로 사회학자라는 직함을 사용한 사람 중 한 명이어서 대학에 소속하지 않은 사람이라면 사회학자라고 나서서 말해도 괜찮다고 말씀하셨어요.

가이누마 그렇군요. 질문을 하나만 더 하겠습니다. 후루이치 씨는 사회학의 어떤 점에 재미를 느끼나요?

후루이치 제 원점은 어려서 만든 '상어 도감'입니다. 그때는 아직 상어 도감이 존재하지 않았으니까, 정보를 모으고 알기 쉽게 편집하는 작업이 좋았어요. 제게 사회학은 그 연장선 같습니다. 이 '사회'라는 막연한 것을 조금이라도 알기 쉽게 편집해서 겨냥도를 만들고 싶어요. 그 과정에서 하는 발견에 항상 가슴이 뜁니다.

가이누마 그렇다면 도감을 꼭 만들어야겠는데요.(웃음)

사회학은 정체했을까?

후루이치 최근 사회학의 존재감을 어떻게 생각하시나요?

가이누마 사회에서의 존재감의 유무라는 점에서는 정체기일지도 모르겠군요. 2011년은 원전뿐만 아니라 볼런티어론, 지역론, 매체론 등 사회학의 핵심 주제가 얼마든지 있었어요. 그런데 최근 2년 정도는 핵심 주제가 헌법이나 국제 정치로 중심이 옮겨갔고 매체도 따라갔어요.

후루이치 그렇군요. 지금 정치 변동에 대응할 만한 언어가 사회학 안에는 그다지 축적되지 않았는지도 모르겠어요.

가이누마 그렇기에 국제정치학자 미우라 루리(三浦瑠麗)나 헌법학자 기무라 소우타(木村草太)가 사회학자처럼 등장한 것입니다.

후루이치 90년대는 옴진리교 사건이 벌어져서 미야다이 선생이 주목을 받았죠. 2000년대도 인터넷 보급 덕분에 정보 계열 사회학자가 매체에 왕성하게 등장했어요. 그런데 요즘은 사회학과 잘 들어맞는 좋은 핵심 주제가 별로 없네요.

가이누마 그렇지만 사회학자가 따라잡아야 하는 주제는 얼마든지 있습니다. 예를 들어 심리학이나 뇌과학, 생물학 등 인간을 생득적인 차원에서 설명하는 연구가 급속도로 발전하고 있어요. 그런 부분도 포함해서 사회 현상을 살필 필요성이 사회학에도 요구되고 있습니다.

후루이치 정말 그렇습니다. 최근 행동경제학이나 진화심리학이 마치 '만능' 이론처럼 다뤄지는 기회가 많은데 사회학이 그걸 따라갈 수 있을지 잘 모르겠어요. 사회학에서는 여전히 구축주의가 세력을 떨치는데 그것만으로 최신 과학에 응답할 순 없을 것 같고요.

가이누마 인문사회계 연구자가 이공계 지식을 소홀하게 취급한 대가는 앞으로 많은 병폐를 낳겠죠. 지금은 사회 현상에 대해서도 이공계 분야에서 상당히 설득력 있는 논의를 내놓고 있으니까 사회학도 그걸 무시해서는 안 됩니다.

사회학의 가능성, 사회학자가 나설 차례

후루이치 앞으로 사회학을 배우려는 학생이나 졸업 논문 때문에 고민하는 학생에게 해줄 충고가 있을까요? 원전이나 후쿠시마처럼 연구하고 싶은 주제는 정했는데 어떻게 사회학 논문으로 만들면 될지 모르는 사람도 있을 거예요.

가이누마 두 가지가 있습니다. 먼저 기본이 되는 사회학의 역사나 이론의 기초 지식을 파악하는 것입니다. 다른 한 가지는 사례 연구를 제대로 배우는 것입니다. 후자가 더 중요한데, 자신이 흥미를 느끼는 것을 주제로 삼아야 합니다. 그러니까 'AKB사회학'도 좋고 후루이치 씨의 책도 좋으니 본인이 당사자라고 느끼는 사례 연구를 읽고 사회학적인 글쓰기에 익숙해지면 되지 않을까요?

후루이치 그런데 뭐가 사회학이고 뭐가 사회학이 아닌지 경계가 불분명하지 않나요?

가이누마 그렇지요. 그래도 사회학의 기본 구조를 어느 정도 알아두면 경계를 의식할 필요가 없지 않을까요?

《후쿠시마 제1원전 폐로 도감》에서도 폐로에 관한 엔지니어링 지식을 상세하게 설명했어요. 얼핏 보면 사회학 책이 아니죠. 그렇지만 바로 거기에 사회학적인 근대성이 있다고 생각했기에 깊이 파고들어 쓴 것이고, 제대로 읽은 사람에게는 그런 점이 전해질 겁니다. 그러므로 어떤 대상이든 근대 사회란 무엇인지 근대에서 사회 현상 내부에 있는 구조나 기능을 해명한다면, 그것을 사회학의 가치로 생각해도 된다고 봅니다.

이 책은 행정부가 내도 좋았을 테고, 원자력공학자나 반원전 활동가가 내도 좋았을 텐데 3.11 이후 5년이 지나도록 나오지 않았어요. 내 수훈을 자랑할 셈은 아니지만 그 책을 사회학자가 만들었다는 데에 사회학의 가능성이 있습니다.

후루이치 하긴 도감이니까 어느 분야의 연구자가 출판해도 이상하지 않죠. 그 도감에는 만화 《이치에후》로 유명한 다쓰타 가즈토(龍田一人)의 만화도 실렸죠. 그 만화에 실제보다 훨씬 더 관록이 넘치는 가이누마 씨가 등장해서 "주변 지역의 산업이나 커뮤니티의 재구축이 이루어져야 폐로는 완료된다고 생각합니다"라고 말합니다. 이러한 시점도 사회학적이죠.

가이누마 말씀하신 대로 '도대체 왜 폐로하는가' '폐로 현장에서 무엇이 이루어지는가' 같은 전제 조건을 잘못 읽으면 논의는 옆길로 샐 뿐입니다. 다양한 학술 모임에 출석했지만, 역시 이 전제조건 설정은 사회학에서 나설 차례라고 생각합니다.

후루이치 그렇군요. 뭔가 생각하고 싶고 흥미가 있지만 무엇부터 생각하면 좋을지 모르고 무엇이 문제인지도 모른다, 그런 사람을 위해서 논의의 전제를 설정하고 알기 쉽게 전달하는 것도 사회학이 할 수 있는 일이군요.

가이누마 그렇습니다. 최근 5년간 다양한 장르의 연구자와 만났는데 다른 학문 분야에서는 그런 것을 좀처럼 하지 못한다고 봅니다. 의사가 비슷한 일을 잘하더군요. 항상 문제점을 설명하고 과제 해결에 나서니까요. 원자폭탄이나 환경오염도 그렇지만, 극한 상황에 놓인 연구 대상이 있을 때 끝까지 남아 중심이 되어 학문적 가치를 제공한 것은 의학입니다.

후루이치 의사와 사회학자가 비슷한가요?

가이누마 현 시점의 사회학자가 과연 그럴지 모르겠지만 그런 방향으로 모색할 필요성을 느낍니다. 어디에 병터가 있는지 알아보고 그것을 어떻게 재검토할 것인가, 일정 조건에서 어떻게 최선을 다할 것인가가 요구됩니다.

후루이치 의사는 문제 해결까지가 일인데 사회학자는 어떨까요. 트위터에서 열심히 발언하는 학자가 많은데 그런 행동이 실제로 사회 변혁에 이어지는가 하면 대부분 아니죠. 젠더 문제라면 남녀 임금 격차나 여성 정치가의 부족처럼 해결해야 할 문제가 잔뜩 있습니다. 그런데 트위터에서 벌어지는 젠더 논의는 타인의 말실수만 찾고 있어요. 좀 더 구체적인 과제로 들어가야 한다고 생각해요.

가이누마 맞습니다. 옳고 그름을 떠나 개념만 건드리면 학문으로서 할 일을 다했다는 태도가 지금 시대에는 용인되지 않아요. 대학이라는 학문의 비즈니스 모델 자체가 파괴되고 있어요. 후루이치 씨와 종종 대화하면서 말했듯이 '논문을 양산하면 취직할 수 있고 학자로서 평생 사회의 존경을 받는다'는 젊은 대학원생의 환상은 이미 시스템상 절대 성립할 수 없어요.

나는 매달 한두 차례 후쿠시마에서 스터디 투어를 주최해 가이드를 하고 후쿠시마 제1원전의 현상을 조사한 기록 영상을 일반 공개하

가이누마 히로시 × 후루이치 노리토시

려고 크라우드펀딩으로 돈을 모으거나 합니다. 완전히 버스가이드나 영화제작회사 같은 느낌이어서 사회학자가 대체 뭐 하는 사람인지 설명할 수 없죠. 크라우드펀딩으로 4백만 엔 정도 기부금을 모았는데 앞으로는 사회학 연구비도 세금인 과연비*나 이익을 내는 기업의 잉여 예산이 붙지 않아도 크라우드펀딩 같은 형태로 모을 수 있을 거예요. 그렇게 존재 가치를 보여주어야 해요. 그런 일에 도전하지 않는 한 사회학의 존재 의의도 위험해질 뿐입니다.

후루이치 대학이 사양 산업인 건 인구 통계를 보면 한눈에 보이죠.

가이누마 네. 대학 밖에서 스스로 공부하는 장소를 만들거나 핵심 주제를 세팅하지 않으면 앞으로 사회학자가 설 자리는 없겠죠. 그러니 필연적으로 과제를 해결하는 역할도 요구되리라 생각합니다.

---

* 과학연구비조성사업의 줄임말로 인문·사회과학부터 자연과학에 이르는 전 분야에 걸쳐 모든 학술 연구를 발전시키고 활성화하기 위해 지원하는 연구비.

맺음말

내가 사회학자가 된 이유

12인의 사회학자가 생각하는 사회학은 어땠는가.

각각 중복되는 부분이 있으면서도 사회학자들과 나눈 대화는 정
말 다양했다. 이 다양함을 '풍성한 학문'으로 볼지, '의심쩍은 학문'
으로 볼지는 사람마다 다를 것이다. 적어도 나는 이 대화들에서 사
회학이 훨씬 더 매력적인 학문이라고 믿게 되었다.

이 책에서는 사회학자들에게 사회학이란 무엇인가를 묻고 동시
에 그들의 인간상을 파고들었다. 머리말에서도 밝혔듯이 사회학 같
은 지식은 학문과 인격 사이에 밀접한 관계가 있다고 생각했기 때
문이다(실제로 그렇기도 했죠?)

이제 마지막으로 나와 사회학의 관계를 말해보려고 한다. 내가
사회학과 처음 접촉한 것은 앞서 말했듯 대학 시절 수강한 오구마

에이지 선생의 강의였다. 그때 사회학이라는 학문의 존재를 알게 된 후 미야다이 신지, 우에노 지즈코, 도이 다카요시(土井隆義) 등의 책을 읽기 시작했다. 그러나 그때는 사회학자는 물론이고 연구자가 될 마음은 없었다. 노르웨이 교환 유학을 마치고 돌아온 뒤에 주변에서 권유한 대로 대학원 입학 시험을 치르게 된 것이 전환점이었다.

그런데 내가 지망한 전공은 '상관사회과학'이라는, 뭐가 뭔지 모르겠는 것이었다. 지망 동기는 간단했다. 시험 공부가 필요 없어 보였기 때문이다. 게다가 입시를 위해 제출한 것이 북유럽 육아 정책을 다룬 졸업 논문이었다. 사회학이라기보다 분야로 말하면 젠더 연구, 지역 연구에 가까웠다.

대학원에 들어간 뒤로는 우에노 지즈코, 혼다 유키, 세치야마 가쿠 등 사회학자의 수업을 이수했다. 각각 수강 동기는 '아는 사람'이었으니까. 나는 사회학도라기보다 그냥 사회학 '팬'이었다.

석사 논문으로는 어쩌다 승선한 피스보트*에서 한 필드워크를 공동체론으로 정리했다. 문제의식은 스즈키 겐스케, 이론 구조는 다케우치 요우(竹內洋)에게 많은 영향을 받았다는 점에서 사회

---

* 세계 평화, 인권 증진 등을 목적으로 1983년에 설립된 일본의 국제적인 시민단체. 매년 두 차례 유람선에 승객을 태우고 세계를 일주하면서 다양한 활동을 펼친다. 유람선 또한 피스보트라고 부른다.

학 논문이라고 할 수 있다. 당시 나는 철학자인 악셀 호네트(Axel Honneth)의 책을 열심히 읽었지만(결국 논문에 전혀 활용하진 못했다).

석사 논문을 《희망 난민》이라는 책으로 펴낸 후에 여러 차례 인터뷰를 했다. 그때마다 대부분 언론이 '공동체'가 아니라 '청년'에 흥미를 보인다는 사실을 알았다. 그래서 '청년'을 책으로 정리해 쓴 것이 《절망의 나라의 행복한 젊은이들》이었다.

이 책을 계기로 어른들은 나를 청년에 대해 잘 아는 사람이라고 오해했고, 나는 청년으로서 매체나 정부 회의 등에 불려가게 되었다. 당연히 '청년'을 직함으로 내세울 수는 없으니 어느새 직함은 사회학자가 되었다. 처음에는 그렇게 불리는 데 저항감이 있었지만 대체할 만한 뾰족한 수가 없어서 지금까지 사용하고 있다(혹시 뭐 있나요?)

사회학자의 탄생

사회학자라는 직함을 댄다고 비판을 많이 받았다. 내가 사회학자라고 말하면 사회학의 신뢰가 실추된다는 소리도 들었다(그 말은 그만큼 사회학이라는 학문이 취약하다고 인정하는 소리 같은데……).

그럴 때 사회학자 한 분을 만났다. 가토 히데토시 선생이었다.

1930년에 태어난 가토 선생은 전후 일본에서 의식적으로 자신을 사회학자라고 칭한 최초의 사람이었다.

가토 선생도 원래는 교토대학 조교수라고, 대학명과 역직을 직함으로 사용했다. 그러다가 대학 분쟁 중에 교토대학을 사직했고, 직함에 대학명을 사용할 수 없게 되어 자신을 사회학자라고 소개했다고 한다. 같은 시기에 대학을 사퇴한 우메하라 다케시(梅原猛) 선생은 이와 달리 철학자라고 자신을 소개했다.

이처럼 '사회학자'나 '철학자'라는 명칭에는 대학에 소속하지 않은 이가 의식적으로 사용하기 시작한 역사가 있다. 그래서 가토 선생은 대학에서 교직을 맡지 않은 나 같은 사람이 사회학자라고 하는 것에 전혀 위화감이 없다고 했다.

게다가 가토 선생은 스스로 사회학자라는 직함 자체에 집착하지 않는 것 같다. 가토 선생에 따르면 사회학이니 역사학이니 하는 '전문'은 대학 제도가 만들어 낸 편의적인 허구일 뿐이고 아주 최근의 발명품이라고 한다.

가토 선생이 생각하는 학자의 사명은 자신이 재미있다고 생각한 것을 자유롭게 해치우는 것이다. 특정한 '학(學)'에 의리를 세울 필요도 없다. 특정 전문 안에 틀어박힌 '전문가'를 자칭하는 것은 '지식인으로서 비열하며 태만하기 짝이 없는 짓'이라고 맹렬하게 비판한다(《매체의 발생》).

사회학에 미래가 있을까?

나는 아직 가토 선생처럼 단호하게 말할 용기는 없다. 다만 그런 연구 스타일에 공감한다. 또 이 책에서 이야기를 나눈 사회학자들도 설령 그들에게 사회학자라는 직함이 없더라도 매력적인 연구를 하는 사람들이다.

그런데 가토 선생을 포함한 사회학자들의 연구가 사회학을 포함한 지식의 아카이브 위에 성립하는 것은 분명하다. 그런 의미에서 사회학적으로 사안을 보는 견지를 아는 것은 절대 무의미하지 않다. 이 책은 12인의 사회학자에게서 바로 그 견지를 배운 책이다.

나는 어떤 실존적인 동기가 있어서 사회학을 시작하지는 않았다. 그저 사회학이 가르쳐주는 견지가 내게 맞았기에 결과적으로 사회학으로 분류되는 지식과 많이 접했을 뿐이다. 내가 애착을 느끼는 것은 대상이지 수법 자체가 아니다. 그러므로 나는 사회학에 지나치게 집착하지 않지만 사회학이라는 학문이나 사회학자들에게 은혜를 느낀다.

동시에 현재의 사회학에 부족함을 느끼는 것도 사실이다. 행동경제학이나 진화심리학의 논의는 설득력이 강하다. 《아이는 국가가 키워라》라는 책을 쓰면서는 교육경제학과 역사학에서 많이 배웠다. 그런데 깜짝 놀랄 만한 최근의 사회학 연구는 만나지 못했다.

내가 이런 소리를 할 처지는 아니지만 이런 생각이 들었다. '사회학, 괜찮은가?'

니헤이 노리히로 선생이 잡지 〈파시(POSSE)〉에 연재한 '사회학 술집 담의'에서도 똑같은 문제의식이 펼쳐진다. 지금까지 사회학이 다루던 영역에 경제학과 뇌과학, 사회물리학이 진출했고 사회학은 존재 의의를 잃어가고 있다는 내용이다.

지금 시대에는 일부러 사회학자를 참조하지 않아도 잡학의 지식은 간단히 얻을 수 있다. 이미 샤먼으로서 사회학자는 필요하지 않고, 검색과 편집 기술만 있으면 충분하다. 그럴듯함으로 따지면 지금은 사회학자보다 인공지능이나 빅데이터가 훨씬 더 위에 있다.

그래도 사회학자는 필요하다

사회학자는 이제 필요가 없을까? 아니, 애초에 사회학자는 필요하기나 했을까?

사토 도시키 선생은 1990년대 후반 이후를 '사회학의 시대'라고 부르고 팔리는 책과 사회학 내부 연구의 괴리가 진행되었다고 했다. 그런데 애초에 사회학 책은 그다지 팔리지 않는다(대놓고 말해서 이 책도 별로 팔리지 않을 것이다).

'팔린 사회학'이라고 불리는 책도 대부분 판매 부수로 따지면 고작해야 수만 부 정도다. 신서를 중심으로 십만 부를 넘은 책은 손에 꼽을 정도로 적다. 80만 부 이상 팔린 우에노 지즈코 선생의 《화려한 싱글, 돌아온 싱글, 언젠간 싱글》은 극히 드문 예외 중의 예외일 뿐이다.

아사히신문사의 기사 데이터베이스인 '키쿠조II'에서 검색해보니 최근 30년간 '사회학'이라는 단어의 사용 빈도는 분명 높아졌으나 '경제학'의 사용 빈도에는 전혀 미치지 못한다. 마찬가지로 '사회학자'보다 '경제학자'가 일관되게 등장 빈도가 높다. 정치적 영향력이라는 면에서도 사회학은 경제학에 완패다. 경제학에서는 다케나카 헤이조(竹中平蔵) 같은 장관도 나왔지만 사회학자 관료는 아직 등장하지 않았다. 역시 사회학은 필요하지 않은 것 같아서 힘이 빠진다.

아니다. 그렇지 않다. 사회학은 아직 존재 의의를 잃지 않았다. 그 이유는 이 책에서 사회학자들이 말한 대로다. 스즈키 겐스케 선생이 말한 '해석학적인 이해'는 알기 쉬운 예시다. 이 책은 결과적으로 사회학이 무엇을 할 수 있는가를 제시하는 책이 되었다.

나는 특히 사회학이 지닌 '있었을지 모르는 사회나 자신을 상상하는 힘'에 매력을 느낀다. 하시즈메 다이사부로 선생의 말을 빌리면 '사회는 그저 이런 것에 불과하다는 말을 가장 납득하지 않는 것이 사회학자. 다른 사회가 가능하다고 가장 쉽게 믿는 것이 사회학자'다.

대안이 없는 사회를 살려면 괴롭다. 다른 사회의 가능성을 구상하는 학문은 앞으로의 시대에 더더욱 필요해질 것이다.

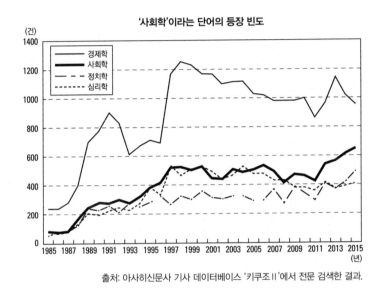

'사회학'이라는 단어의 등장 빈도

출처: 아사히신문사 기사 데이터베이스 '키쿠조Ⅱ'에서 전문 검색한 결과.

사회학의 가능성

2016년에는 디즈니 영화 〈주토피아〉가 세계적으로 인기였다. 배우 카자마 슌스케는 이 영화가 신선한 이유를 '사회'라는 시점을 도입했기 때문이라고 말했다. 디즈니가 차별을 영화로 그렸다는 이유로 〈주토피아〉를 절찬하는 사람이 있는데, 디즈니는 예전부터 차별이나 편견을 그렸다.

카자마에 따르면 〈주토피아〉의 특징은 개인에게 벌어진 문제를 개인이 해결하는 것이 아니라, 사회가 주체가 되어 어려움을 극복한다는 점이다. 그런 의미에서 〈주토피아〉는 디즈니가 '사회'를 발견한 영화라고 할 수 있다. 이 영화는 이상 세계를 그린 판타지로 전 세계에 받아들여졌다. 그 말은 여전히 '사회'가 필요하다는 것이다. 오히려 사회를 갈구하는 사람은 늘어나지 않았을까? 그 말은 동시에 사회학도 역할을 잃지 않았음을 의미한다.

나는 다양한 사회학이 있어도 좋다고 믿는다. 한 인기 있는 창작자가 "'철새'를 용인하지 않는 업계는 망한다"는 말을 했다. 동감한다. 예를 들어 만화 업계에는 독자는 물론이고 수없이 많은 창작자가 존재한다. 그들 중 일부는 상업지로 데뷔해 인기 작가가 된다. 정기적으로 스타가 배출되는 이유는 만화가를 지망하는 사람이 많기 때문이다. 그들을 지탱하는 것은 픽시브(Pixiv) 같은 인터넷 커뮤니티, 잡지 신인상 같은 제도다.

데뷔 전인 지망자가 넘쳐나는 업계는 인재를 재생산하기도 쉽다. 스타의 활약을 보고 능력 있는 다음 세대의 인재가 모이기 때문이다. 반대로 인기 없는 업계는 툭하면 규칙이니 관습만 중요하게 여겨 자유도를 잃는 경향이 있다. 그런 지루한 곳에는 우수한 사람이 시선을 주지 않는다. 그렇게 업계 전체는 추락할 뿐이다. 논단이나 문단이 여기에 해당하지 않을까? 가능하면 사회학은 그렇게 되지 않았으면 한다.

그러므로 이 책이 한 명이라도 더 많은 사람에게 가닿아 사회학의 매력을 깨닫는 사람이 늘어나길 바란다.

그러니까, 이것이 사회학이군요

초판 1쇄 발행 2017년 5월 18일

지은이   후루이치 노리토시
옮긴이   이소담
펴낸이   이정규
펴낸곳   코난북스
출판신고   제2013-000275호
주소   서울시 마포구 월드컵북로235 15-1404
전화   070-7620-0369
팩스   0505-330-1020
이메일   conanpress@gmail.com

ⓒ후루이치 노리토시, 2017
ISBN 979-11-952181-8-9 03330

이 도서의 국립중앙도서관 출판예정도서목록(CIP)은
서지정보유통지원시스템 홈페이지(http://seoji.nl.go.kr)와
국가자료공동목록시스템(http://www.nl.go.kr/kolisnet)에서 이용하실 수 있습니다.
(CIP제어번호: CIP2017010402)